KB162177

‖인문교양총서 44

# 일연과 그의 시대

•

한기문

**저자 한기문__** 경북대학교 인문대학 사학과 교수

저자는 경북대학교 사범대학 역사교육과를 졸업하고 같은 학교 대학원 사학과
에서 문학 석사와 박사 학위를 받았다. 고려시대사를 가르치며 고려시대사, 특
히 불교사, 금석학, 지방사 연구에 몰두하고 있다. 지은 책으로 『고려사원의 구
조와 기능』(민족사, 1998), 『영남을 알면 한국사가 보인다』(공저, 푸른역사, 2005),
『일연과 삼국유사』(공저, 신서원, 2007), 『고려시대 율령의 복원과 정리』(공저,
경인문화사, 2009), 『희양산 봉암사』(공저, 문경시, 2011), 『한국 호국불교의 재
조명 4』(공저, 대한불교조계종 불교사회연구소, 2015), 『옛지도로 재현하는 경
상도 상주』(공저, 상주박물관, 2016), 『고려시대 상주계수관 연구』(경인문화사,
2017), 『경북불교의 재발견』(공저, 한국국학진흥원, 2017), 『21세기에 다시 보는
고려시대의 역사』(공저, 혜안, 2018), 『고려시대의 문경』(공저, 문경시, 2019) 등
이 있다.

**경북대 인문교양총서 ㊹**

# 일연과 그의 시대

**초판 인쇄** 2020년 11월 9일
**초판 발행** 2020년 11월 16일

**지은이** 한기문
**기 획** 경북대학교 인문대학
**펴낸이** 이대현
**편 집** 임애정 이태곤 권분옥 문선희 김선예
**디자인** 안혜진 최선주
**마케팅** 박태훈 안현진

**펴낸곳** 도서출판 역락
**주 소** 서울시 서초구 동광로 46길 6-6 문창빌딩 2층
**전 화** 02-3409-2060(편집), 2058(마케팅)
**팩 스** 02-3409-2059
**등 록** 1999년 4월 19일 제303-2002-000014호
**전자우편** youkrack@hanmail.net
**역락 홈페이지** www.youkrackbooks.com
ISBN 979-11-6244-589-1 04910
      978-89-5556-896-7(세트)

* 이 도서의 국립중앙도서관 출판예정도서목록(CIP)은 서지정보유통지원시스템 홈페이지(http://seoji.nl.go.kr)와 국가자료종
  합목록 구축시스템(http://kolis-net.nl.go.kr)에서 이용하실 수 있습니다. (CIP제어번호 : CIP2020042313)

인문교양총서 044

# 일연과 그의 시대

한기문 지음

역락

## 책머리에

　일연은 13세기를 살다간 고려시기 고승이다. 그의 삶과 생각을 주목한 것은 그가 고려중기 무신집권과 몽골외침, 그리고 몽골압제의 시기를 견뎌낸 고려 불교 지식인이기 때문이다. 격동의 시기를 견디고 살아낸 힘은 무엇일까. 그의 생애와 시대상을 살펴보면 직면한 고난을 살아가려는 '생각의 힘'을 볼 수 있지 않을까?

　그 시기를 살아간 지식인은 수 없이 많다. 무신과 유교적 관료들이 있고 일생의 삶을 돌아 볼 자료를 어느 정도 뒷받침할 수 있는 자들도 많다. 무신과 유교적 문신들은 그 능력이 군인과 문한과 관료조직에 한정되는 면이 많다. 그런데 고승은 자신이 속한 종파는 물론 전체 교단사회와 교단이 포용한 상층은 물론 하층의 신자집단에까지 설법과 신앙의 힘이 미침으로써 영향력이 크다. 일연은 몽골 압제기 국존에 올라 추앙되고 그의 생각에 공감한 많은 문도와 세속제자를 두었다. 구산문도회(九山門都會)를 개최할 만큼 폭넓은 선사상을 품고서, 대장경 간행에 참여하여 '재열장경(再閱藏經)[대장경을 두 번 읽음]'한 광범한 교학지식을 닦은 채, 다양한 신앙의 힘을 사화(史話)[역사사례로 메시지를 전함]의 방법으로 고취한『삼국유사』

저술을 남긴다.

그는 신라 불교의 중심인 경주 장산군 출신으로서 신라 불교 문화의 역사성을 살필 기회가 많았으며 몽골 침입시 불탄 황룡사의 참상도 목격하였다. 깊은 수행과 활동을 이 지역의 비슬산에서 대부분 보냈고 그가 활동한 지역도 우리 지역에서는 접근하기에 가깝다.

일연관련 연구 논저는 셀 수 없을 정도로 많다. 문학적 관점, 사상사적 시각, 교단에서의 위상, 그리고 그의 저술의 분석에 치중한 논저가 있어 왔다. 본서는 이들 선행의 논저를 수용하여 일연이 살았던 시대배경을 좀 더 부각시켜 일연이 어떤 시대, 어떤 사회구조 속에 살았으며 그러한 삶의 여건에서 격동의 시기를 견뎌낼 수 있었던 '생각의 힘'은 무엇인지, 어떻게 나타났는지를 생애사적 접근에서 종합적으로 알아보고자 한다.

일연 생각의 내용은 그의 저술과 어록, 시 등에서 찾아볼 수 있는데 특히 그의 행장인 보각국존비와 『삼국유사』의 내용은 비교적 풍부하다. 이들 자료는 당대 자료이기 때문에 당시 고려 지식인의 사고와 가치관, 세계관을 반영한다. 이를 통해 일연이 그 시대를 살아낸 생각의 힘을 풀어 본다.

일연의 생애 자료와 사상 내용을 알 수 있는 핵심 자료는 각기 보각국존비명과 『삼국유사』이다. 비명은 당시 국존으로 현창되는 고승비인데 왜 그렇게 현창되는 것인지, 비명에 보이는 생애사적 관점에서 시대 배경에서 다시 풀어 볼 필요가 있었다. 『삼국유사』는 고대사 연구의 기본 자료라는 관점에서 주로 연구되었다. 여기서는 고려시기를 살다간 일연의 생각을 찾는 관점에서 『삼국유사』를 들여다본다.

본서의 구성은 크게 생애와 시대배경, 저술과 사상 두 부분으로 하였다. 저술과 사상을 이해하기 위해서는 먼저 생애와 활동을 생애 마디에 따라 당시의 시대상황 속에서 이해할 필요가 있다. 저술과 사상 부분은 저술태도와 그의 사고에 적극적으로 공감한 성속의 문도를, 그리고 불교관, 역사인식과 현실인식 등을 살핀다. 이를 바탕으로 당시 일연의 사상사적 위상을 가늠하고자 한다.

이 글을 쓰면서 국내외 학자들의 선행 연구 성과를 참조하였다. 하나하나 출처를 밝히는 것이 마땅하지만 인문교양총서 집필 원칙에 따라 각주를 사용하지 않고 책의 말미에 참고문헌 목록으로 일괄하여 첨부하였다. 이들 연구서에서 일부 내용을 직·간접적으로 인용했음을 밝힌다. 해당 연구자들과 저자들께 양해를 구하며 고마운 마음을 표한다. 전문적 학술 용어를 가급적 풀어 큰 시대적 흐름 속에서 설명하려고 하였다. 함축적 한문의 의미를 살리되 그 뜻이 잘 통하지 않을 우려가 있다고 생각되는 데는 [  ] 안에 간단히 설명하였다.

이 책의 출간을 허락해준 경북대학교 인문대학의 인문교양총서 기획위원회와 부족한 원고를 잘 편집하여 아담한 책으로 만들어주신 도서출판 역락 관계자께 감사를 드린다.

2020년 11월 1일
저자 한기문

# 차례

# 제1장 생애와 시대 배경

## 1. 일연 생애 자료 기본 : 보각국존비명

일연의 생애는 사후 탑비명(塔碑銘)으로 정리되어 인각사에
세워진 「보각국존정조탑비명병서」에 자세하다. 보각(普覺)은 사
후에 내려진 시호이고 정조(靜照)는 탑명이다. 비명병서는 일연
의 삶을 운문으로 정리한 명(銘)과 이를 풀이한 서(序)로 구성된
다. 탑은 일연의 사리를 모신 승탑 곧 고승의 무덤이다.

사진 1. 일연승탑    사진 2. 일연승탑명    사진 3.일연승탑명문탁본

고려시기 고승비는 현재 60여 기가 전한다. 모두 국사, 왕사를 역임하거나 사후 추증된 고승의 생애에 관한 기록으로 고려 불교사를 이해하는데 중심이 되는 자료이다. 고려의 경우 중국처럼 방대한 고승전이 전하지 않고 있는 가운데『고려사(高麗史)』에서도 열전(列傳)이나 지(志)부분에서 전혀 정리를 하지 않았다. 고승비는 모두 국왕의 명에 의거 당대 최고의 문한관이 찬술하였다. 비문의 글씨 역시 그 시대의 명필이 쓰거나 이들의 글자를 집자한 형태로 하였다. 비의 규모에 따라 글자 수가 조정되기 때문에 찬술은 수년이 지나서 완성되기도 하였다. 기초 자료는 비명 주인공의 문도들이 정리한 행장(行狀)을 바탕으로 하였다. 비명 건립은 문도들이 소청하여 국왕의 명으로 이루어진 과정이 적어도 수년이 걸린다. 고승의 비명 건립은 비석의 준비시간과 찬술 시간이 소요되며 종단과 국왕, 신하들과의 조정도 필요한 국가사업이다. 특히 왕희지(王羲之)가 쓴 행서에서 뽑은 집자비(集字碑)이므로 4,000여 자 전체의 집자는 지극히 어렵고 많은 시간이 걸리기 마련이다.

찬자는 행장의 내용을 조정하고 글을 구성하되 자신의 불교인식을 반영하여 작성한다. 주인공 고승에 대한 추앙 위주이고 국왕의 불교신심과 고승존숭을 강조하지만, 당시 불교계의 관행과 관념이 그대로 반영된 고승의 유일하고 가장 기본적인 일대기로서 그들의 일생을 잘 알 수 있는 자료이자 불교사 복원의 원천이다.

더구나 당시 관인층의 묘지명은 모두 묘의 지석 형태로 지상에 드러내지 않는다. 신도비는 땅 위에 세우지만 그 사례가 거의 없다. 신라시기에 몇 예가 있는 국왕의 왕릉비는 고려시기에는 아예 없다. 당시 고승에 대한 존숭을 탑비의 형태로 그가 하산[은퇴]한 사원에 세운 것은 부처님의 경지에 오른 깨달은 사람에 대해 공개적으로 기리며 썩지 않는 돌에 새겨 영원히 추모하려는 국가적 예우의 산물이다.

보각국존비는 왕희지 글씨의 집자비이다. 그래서 이 비문의 발견은 극적인 부분이 있다. 왕희지의 글씨는 서도(書道)의 전통이 있는 중국과 한국에서는 매우 진귀하게 여겨져 법첩(法帖)[글씨 공부를 위해 탁본을 책자형태로 만든 것]으로 소유하기를 원하는 사람이 많았다. 조선시기에 상당한 탁본이 있었다. 특히 정유재란시 일본군은 이 비를 발견하고 탁본하는 과정에서 땅에 넘어뜨리는 등 손상도 입혔다. 17세기 초 의흥 선비 박흔(朴俒)이 남긴 기록에는 이 비가 여러 조각으로 깨어졌다. 18세기 후반에는 비신 전체가 십여 개의 덩어리로 파손된 채 불전(佛殿) 밑에 있었다. 명필 왕희지 글씨로 새겨진 것이 오히려 이 비의 보존에 치명적 훼손을 초래하였다. 수

사진 4. 일연비 각자부분

많은 탁본의 결과 비가 손상되었을 수 있고 탁본 노역에 시달린 사람이 탁본 요구에 견디지 못해 파괴한 것일 수도 있다.

20세기 초 조선총독부에서 전국 행정력을 동원하여 각지의 금석문 자료를 탁본으로 수집할 때 비양(碑陽)[비의 앞면]과 비음기(碑陰記)[비의 뒷면]의 극히 적은 글자만 판독하여 『조선금석총람』에 활자로 소개하였다. 부록에서는 월정사장(月精寺藏) 사본이라 하여 비양의 비명 전문을 활자화하였다. 원래 인각사(麟角寺)에 보관되어 온 인각사비 초본 필사본을 1836년 경 혜월(慧月) 스님이 월정사로 가져와 보관하다가 1916년에 인각사로 되돌아간 그 필사본으로 생각된다. 이 필사본은 한해 앞서 편찬된 이능화(李能和)의 『조선불교통사』에도 소개된다. 1927년 최남선(崔南善)이 『계명』 잡지에 『삼국유사』 해제를 게재하면

사진 5. 정문연 소장 비첩부분

서 구초본이라 하여 소개하기도 하였다. 한국정신문화연구원은 비석이 깨어지기 전 법첩형태의 비양 전탁(全拓)을 1981년 공개한다. 이 탁본은 서지학자 박영돈 선생이 1971년 고서점에서 구입한 것인데 황수영 교수를 거쳐 연구원에 기증된다. 필사본에서 잘못 읽은 몇 글자가 밝혀졌다. 입비를 주관한 청진(淸珍)을 청분(淸玢)으로 바로 잡고 일연의 편저 『조도(祖圖)』를

『조파도(祖派圖)』로 바로 잡았다.

비음기 부분은 『조선금석총람』의 탁본을 활자화한 내용 이외에는 알 수가 없었다. 음기부분은 대개 제자와 속제자의 명단이 들어 있어 내용상 중요성이 낮기 때문에 필사하거나 탁본하는 경우가 적었다. 하지만 지은이가 승려인 산립(山立)으로 비양의 민지(閔漬)와는 다를 뿐, 작성 시기가 같고 글씨 역시 왕희지 집자로 동일하다. 그 때문에 비음기도 조각 탁본인 경우가 많고 탁본이 법첩으로 다수 유통되기도 하여 국내 도서관과 미술관, 해외 도서관 등에 소장되기도 하였다. 이 탁본들은

사진6. 일연비음기탁본부분

1992년과 2000년에 중앙승가대학교 불교사학연구소에서 각각 『인각사보각국사비첩』, 『인각사보각국존비첩(속집)』으로 종합 영인하여 소개한다. 2004년에는 한국불교연구원과 군위군이 주관하고 김상현 교수가 책임을 맡아 『인각사 보각국사비 재현 연구보고서』를 내어 비

사진 7. 보각국사비 복원탁본
(인각사 일연선사생애관)

사진 8. 인각사복원일연비 앞면

양과 비음기를 모두 복원하고 2006년 인각사 현지에 비문이 재현 건립된다. 2008년에는 채상식 교수가 『인각사보각국사비첩 영인·역주』를 간행한다.

일연의 『삼국유사』여러 편목에서는 그의 활동지를 유추할 수 있다. 그는 직접 탐방(探訪)을 하여 신라시기 탑상(塔像)과 고승의 행적을 정리하면서 찬시(讚詩)[논평시]를 붙이거나 근거 자료를 고증하거나 그 형상을 묘사한다. 그 외 연대기 자료로는 『고려사』와 『고려사절요』가 있지만, 일연의 행적에 대해서는 극히 소략하다. 『고려사』에는 일연(一然)으로 개명하기 전의 법명인 견명(見明)을 사용한다.

## 2. 출생에서 승과 합격까지(1206~1227)

일연은 경주 장산군인(章山郡人)이다. 『고려사』 지리지에 따르면 장산군은 압량소국(押粱小國)이었으나 신라 미추왕 때 군(郡)이 되었고, 경덕왕 때 장산군(獐山郡)으로 고쳤으며 고려 초에 지금의 이름으로 바꾸었다. 현종 9년에 동경유수관에 내속하고 명종 2년 감무(監務)가 두어지고 충선왕이 즉위하자 왕의 이름을 피하여 경산(慶山)으로 고쳤다. 충숙왕 4년 국사 일연(國師 一然)의 고향이라 하여 승격하여 현령관(縣令官)이 되었다. 공양왕 3년 왕비 노씨(盧氏)의 고향이라 하여 승격하여 지군사(知郡事)가 되었다. 별호는 옥산(玉山)이다.

속성은 김(金)이다. 속성은 최남선의 『삼국유사』 해제에서 '김씨(金氏)'라 한 이후 여러 논저에서 받아들였으나, 비첩 탁본의 서체를 분석하여 '전씨(全氏)'로 보는 견해도 있다. 그런데 『세종실록지리지』 경산군 토성에는 김(金), 전(全), 백(白) 등으로 나오므로 두 견해 다 가능성이 있다.

처음 승명은 견명(見明)이고 자는 회연(晦然)이지만 후에 일연(一然)으로 고쳤다. 출가하여도 효성이 지극했던 중국 목주(睦州)의 진존숙(陳尊宿)을 사모하여 목암(睦庵)이라 자호(自號)하였는데 언제인지는 알 수 없다. 이들 이름은 출가 이름인 승명으로 생각된다. 태어나면서 지은 이름은 알 수 없다. 자(字)는 관례(冠禮) 후에 붙이는 것인데 구족계(具足戒)를 받은 14세 때가 아닌가 한다. 남해 정림사에 활동하고 암자에 은거 『중편조동오위』를 편정하면서 저자 이름으로 회연(晦然)을 사용한다. 『고려사』 열전 제신조의 일반 관료들도 초명(初名), 개명(改名), 사명(賜名) 등으로 이름을 다수 써서 한 인물의 활동을 모두 정리함에 사용된 여러 이름으로 추적하지 않을 수 없다. 특히 국왕이 공적을 세운 이에게 내리기도 하고 그 아들에게 내리기도 한다. 일연으로 바꾼 사정은 미상이나 국왕이 그를 기리는 마음으로 내린 이름일 수도 있다. 『삼국유사』 권5에 찬자로 적힌 '국존조계종가지산하인각사주지원경충조대선사일연찬(國尊曹溪宗迦智山下麟角寺住持圓鏡冲照大禪師一然撰)'으로 나온다. 원경충조(圓鏡冲照)는 법호이다. 사후 주어진 보각(普覺)은 시호이며 그 무덤인 승탑에는 정조(靜照)라는 호가 부여되는바 국왕의 경우 붙이는 능호(陵號)에 견주어진다. 그만큼 국사는 국왕의 스승으로 존숭된다. 또한 고승에게 내리는 예우적 호는 일반 관료들 못지않게 여러 갈래로 있음을 보여준다.

아버지의 이름은 언필(彦弼)인데 벼슬하지 않았지만 일연이 국존에 올랐기 때문에 좌복야(左僕射)라는 2품직에 추증된다. 사후에 이루어졌을 것이다. 어머니는 이씨(李氏)인데 낙랑군부인(樂浪郡夫人)으로 봉군되었다. 낙랑은 경주의 별호인데 장산군이 경주 속군이기 때문에 이러한 봉군호를 받았다. 어머니는 일연이 국존이 된 후까지 생존하였기 때문에 국존이 된 후 봉군되었을 것이다. 추증과 봉군은 모두 고려시기 불교교단이 관료체계에 흡수되어 그 제도적 기반을 가진 것을 보여준다.

아버지가 출사하지 않았다는 표현은 과거를 통한 관직에 나가지 않았다는 것을 말한다. 적어도 출가하고 승과(僧科)에 응거하자면 장산군내 부호장이하의 지위에 있어야 한다. 바로 호장의 자식은 호장직을 승계할 후보 위치에 있으므로 직역

승계자는 출가나 과거, 승과 등의 지위 변동을 허락하지 않는
다. 일연이 출가할 수 있고 승과에도 응거할 수 있었다는 것
은 그의 부가 호장층에 속하면서도 부호장 이하의 지위에 있
어야만 한다.

고려시기 호장층은 입사층(入仕層)이다. 공복제(公服制)의 복식
을 차리고 직역(職役)에 기초한 토지를 지급받는 부호장, 호장
등은 군현 읍세에 따라 다수인 복수로 운영되며 우두머리로
상호장(上戶長)이 있다. 호장층은 지배 기구인 읍사(邑司)를 구성
하여 해당 군현의 행정업무를 담당한다. 호장층의 우두머리
상호장은 행정 직인을 가지고 공적 업무를 결정한다. 곧 외관
(外官)이 파견되는 곳에는 외관청(外官廳)과 다른 읍사(邑司)기구
를 운영하고 외관은 다만 읍사기구를 감독한다. 일연의 부 언
필이 불사(不仕)하였다는 것은 호장층에도 속하지 않았다는 의
미는 아니다. 『세종실록지리지』 경산군 토성(土姓) 조에는 김
(金), 전(全), 백(白) 3성(姓)이 나오므로 세속 성 김(金)인 일연의
부는 호장층임이 틀림없다.

어머니가 바퀴 같은 해가 집에 들어와 배에 빛을 비추기를
세 밤이나 계속하는 태몽을 꾼 뒤 임신하여 1206년(희종 2) 6월
신유일에 일연을 낳았다. 태어나면서 빼어나게 고매하고 자태
와 행동은 단정하고 엄정하며 큰 콧마루에 묵언의 입매였다.
걸음걸이는 소가 걷는 듯 진중 하고 눈빛은 호랑이의 그것처
럼 강렬하였다. 어려서부터 출가의 뜻이 있었다.

일연 탄생 관련 비문내용은 고승비에 흔히 보이는 고승이나 범승(梵僧)[인도 승]이 어머니의 품이나 집안으로 들어오는 고승 환생인연(還生因緣)의 태몽은 아니다. 다만 범상하지 않은 인물의 탄생을 암시할 뿐이다. 부모가 태어날 자식의 출가를 서원하여 출가가 이루어지는 예도 있는데 이는 공덕사상의 반영이다. 일연의 부모는 특이한 태몽은 있었지만 출가를 처음부터 기대한 것은 아니다. 다만 일연의 행동과 생김새로 보아 고승이 될 자질은 있었다.

왕자, 관인자제, 호장층, 국역층 등으로 종합할 때 고려시기에 출가는 보편화되었다. 왕실과 관인층은 그 자제 중 1명은 출가하였다는 기록이 있지만 호장층의 경우는 그러한 언급은 없다. 하지만 관인층과 호장층의 자제는 각기 과거와 승과에 응거하기 때문에 호장층도 그와 비슷하였을 것이다. 호장층은 향공(鄕貢)을 통한 과거에 응시하여 출사한 것과 같이 승과를 통한 승계(僧階)를 가진 고급 승려로 나아가기도 희구하였을 것이다. 향공출사도 흔한 일은 아니지만 승과를 통해 고급 승려로의 길도 쉽지는 않았다. 그런 만큼 일연의 능력은 탁월하였다.

1216년 나이 9세에 해양(海陽) 무량사(無量寺)에 의지하였다. 처음 배움에 나아갔는데 총명하기가 무리에서 빼어났다. 때때로 단정히 앉아 저녁이 다 지나도록 그대로 있어서 사람들이 기이하게 여겼다. 1219년(고종 6) 14세 때 진전사(陳田寺) 장로 대웅(大雄)에게 나아가 머리 깎고 구족계(具足戒)를 받았다.

일연이 태어나기 4년 전인 1202년에 신라부흥운동이 경주를 중심으로 일어나 영천, 청도 등지로 퍼져나갔다. 집정자 최충헌이 2년 만에 이 운동을 진압할 정도로 저항은 거세었다. 진압 후 경주에 대한 정치적 보복을 했다. 경주를 계수관에서 제외하고 그 대신 상주, 안동, 진주를 거점으로 재편하였다. 한동안 경상도는 '상진안동도(尙晉安東道)'로 불렸다. 이때 경주 속현들은 상주와 안동으로 분속되었다.

일연이 태어나던 1206년은 최충헌(崔忠獻) 정권이 성립되어 명종을 퇴위시키고 신종을 세운지 수년 만에 다시 희종을 앉힌지 2년 째였다. 희종은 최충헌에게 부(府)를 세워 주어 왕족에 버금가는 예우를 하는 한편 암살도 시도하였다. 최충헌은 암살을 모면하자 교정도감(敎定都監)을 두어 최씨정권을 확실하게 수립하였다. 최충헌 정권이 오히려 더욱 견고해졌다.

1216년은 몽골, 금, 거란 유종, 고려 등의 긴장 관계가 폭발의 임계점으로 치달아 동북아시아에 형성된 먹구름이 고려로 몰려오는 시점이었다. 거란의 유종이 대거 고려로 남하하였다. 고려는 자기 정권의 보위에만 주력한 최충헌이 정예부대는 출진시키지 않았다. 심지어 노약자를 방어군으로 보급하는 가운데 김취려(金就礪), 조충(趙冲) 등이 분전하는 상황이었다.

일연은 과업공부와는 다른 출가의 길을 선택하였다. 최씨정권은 문무교차제를 실시함에 과거출신자 상당수가 지방관으로 보임하지 못하는 등 급제하여도 관직에 나가지 못하는 사회가 되었다. 최씨정권에 대한 반발과 구관(求官)[관직을 구함] 사이에 고뇌하던 이규보(李奎報)의 모습이 보인다. 최씨정권은 지방의 한사(寒士)[한미한 선비]를 뽑아 문벌출신을 대체하려는 모습도 보였지만, 국왕의 명령서와 외교문서를 작성하는 문한관을 제외하고는 중앙과 지방관에 무신들을 대거 등용하였다. 과거급제자의 출사로가 크게 막혀 있었다.

　1173년 김보당의 난 이후 지방관이 거의 죽임을 당한다. 농민항쟁이 대거 일어나는 혼란이 있어 민들의 유망현상도 일어났지만 대개는 본관(本貫)을 중심으로 거주하였다. 그 지역을 벗어나는 일은 선군(選軍)[군인으로 선발]되어 중앙군이 되거나 향공을 거쳐 과거를 통해 관료로 나아가는 경우, 승려로 출가하는 것이었다. 본관에 긴박한 벌집 같은 구조 즉 격벽에 가려 지역과 지역을 이동할 수 없는 고려사회에서 수직으로 직분을 상승하는 경우는 선군과 과거 급제, 그리고 승려로의 출가였다. 일연은 불교계에 입문하려고 장산군을 떠나 해양 무량사에서 불교학을 공부하였다. 해양 무량사는 무주 곧 오늘날 광주의 무량사가 아닌가 한다. 광주가 장산군과 너무 먼 거리여서 해양은 영주(永州)[오늘날 영천]의 별칭일 수도 있다고 의심하기도 한다.

　1219년 14세에 진전사(陳田寺) 대웅(大雄) 장로에게서 머리를 깎고 구족계(具足戒)를 받아 비구승이 되었다. 5년여 무량사에

서 불교학 공부를 하면서 어떤 고승을 스승으로 승려가 될 것
인가를 정하고 진전사로 나아갔다. 진전사는 설산(雪山)으로 알
려진 지금의 설악산에 있다. 신라말 남종선을 처음 전래한 도
의(道義) 선사가 그의 선에 대한 몰이해로 마어(魔語)라 비방을
받자 은거하여 수행한 곳이다. 진전사지는 1970년대 정영호
교수의 조사로 '진전(陳田)'명 기와편이 발견되어 진전사지로
확인되었고 승탑이 발견된 바 도의의 것으로 추정되었다.

사진 9. 진전사지

사진 10. 진전사지 도의승탑

진전사에서 서쪽으로는 설악산 정상 대청봉이 보인다. 동쪽으로는 동해안의 낙산사가 있다. 의상이 화엄신앙을 편 곳이다. 선사상과 화엄사상은 성격상 배타적이지 않다는 견해가 지배적이다. 화엄의 도량 가까이에서 우리나라 선사상의 초조(初祖)가 머문 것을 추모하여 진전사가 성립된 것이다. 일연은 이곳에서 승려로서 본격 수행하면서 낙산사 일대의 화엄사상과 설화를 이해하고『삼국유사』에도 그 내용을 남겼을 것이다.

사진 11. 낙산사 홍련암

고려사회의 교단 성립 관행은 승려가 되게 한 사람을 득도사(得度師)로 비구계를 준 스님을 수계사(授戒師), 그리고 법을 받은 스승을 수법사(受法師)라 하였다. 고승비문에 반영된 관행을 보면 득도사의 소속종파에 따라 자신의 소속종파가 정해진다. 진전사 대웅 장로의 소속은 조계종 가지산문이므로 일연은 자연 가지산문 소속이 되었고 입적할 때까지 변동이 없었다. 보각국존비 첫머리에 '조계종인각사가지산하보각국존(曹溪宗麟角寺迦智山下普覺國尊)'이라 하였다.

고려전기에는 득도한 후 수년을 경과하여 관단사원(官壇寺院)에 나아가 구족계를 받았다. 13세기에 이르러서는 득도사가 수계하는 것으로 변화하여 구족계의 관단 수계제도가 무너졌다. 관단사원은 사례가 부족하지만 고승비에 보이는 관행은 개경의 불일사(佛日寺)가 중심이었다. 하지만 무신정권 초기에 개경 사원이 무신정권에 반발하여 큰 타격을 입은 후 회생이 쉽지 않았다. 그만큼 승려가 지켜야 할 계율 곧 구족계 150계에 대한 중요성도 약화되었다. 일연은 대웅 장로로부터 득도와 수계를 같이 하였다.

비구승이 된 이후 여러 선종 사찰을 유력하면서 명성이 크게 알려졌다. 그 당시 무리들이 추천하여 구산(九山)[선종의 9산문]의 사선(四選)[승과 예비시험]에서 으뜸이 되었다. 1227년(고종 14) 22세에 선불장(選佛場)에 나아가 상상과(上上科)[구등급 중 최고]에 올랐다.

비구승이 된 이후 8년여 만에 총림(叢林)에 참여하여 구산선(九山選)에 오르고 최종 고시에 나갈 수 있었다. 당시 승과의 운영구조는 참학(參學), 입선(入選)을 거쳐 승과에 최종 합격하면 대덕(大德)의 승계를 받았다. 선종의 경우 선종대(宣宗代) 보제사(普濟寺) 정쌍(貞雙) 등이 구산문참학학도(九山門參學學徒)를 모아 진사례(進士例)에 따라 삼년에 한 번씩 선발하기를 청한다. 승과의 예비시험에 응하려는 이를 참학이라 한다. 참학은 각 산문의 총림에서 선발된 자들이다. 보제사에서 담선대회(談禪大會)가 있기 1년 전에 그 산문으로서 외방의 가람을 점유하고는 법회를 열어 겨울을 보내는데 이규보는 이를 총림이라 하였다. 총림에서 선발된 각 산문의 참학이 보제사에 모여 선발대회를 거쳐 뽑힌 이들이 입선이다. 일연이 선종 사찰을 8년여 유력했다는 것은 가지산문 총림에 참석 선발되고 다시 보제사 구산문 담선대회에서 으뜸으로 뽑힌 사실을 말한다.

고려시기에는 전기에 화엄종, 법상종, 조계종, 천태종 등 4대 종단이 있었다. 무신 집권기에 소수종단이 출현하지만 위의 4대 종단이 중심이었다. 조계종에는 구산파가 존재하였는데 일연은 가지산문에 속한다. 구산파는 보제사에 구산조사의 초상화가 안치되어 있다. 삼년에 한번 참학의 구산선에 참석할 때 각 산문의 조사를 참알(參謁)하는 의식을 가질 정도로 그 분파가 제도적으로 정비되어 있었다. 그러한 시기는 아마도 고려 선종대에 이르러서야 가능하다. 고려 초부터 구산파가 존재한 것은 아니다. 일연이 구산의 사선에서 으뜸에 올랐다. 보제사에서의 승과 예비시험에 일연이 수석이었음을 이른다.

예비시험은 조계종에만 있는 것은 아니다. 법상종에도 관오(觀奧)가 숭교사(崇敎寺) 성복선(成福選)에 뽑혀 득명(得名)하고 봉은사(奉恩寺) 대선(大選)에 합격하여 대덕(大德)의 법계를 더하였다. 대선전에 합격한 자를 입선이라 한다. 이들은 또한 이름을 얻었다는 의미의 명공학도(名公學徒)라고도 하였다. 사례가 보이지는 않지만 화엄종과 천태종도 같은 절차를 거쳐 예비 승과응시자를 뽑았을 것이다.

최씨 정권에서도 보제사 담선회가 계속 운영되었던 것은 이규보가 다수의 방문(榜文)[법회를 알리는 광고문]에서 그 사실을 남겼다. 보제사 담선회는 구산파로 갈라진 선종계를 하나로 묶는 기능을 한다. 선종계 전체를 조계종이라 하고 그 아래에 소속 산파를 명시한 비명의 제목이 나온다.

고려사회에서 승과는 유교적 관료의 주된 공급창구인 과거 제도와 함께 불교교단체제의 구성 통로로서 기능하였다. 유교적 관료체제와 불교 교단체제가 병립하였다. 응시과정과 신분층이 비슷하였다. 각기 예비시험이 있었고, 호장층 이상의 자제들이 응시하였다. 다만 승과응시는 과거응시에 비해 1/3 정도였다.

『고려사』에 과거제 예비시험인 국자감시(國子監試) 합격자와 과거 합격자에 대한 정보가 있는데 비해 승과제도의 내용은 고승비를 통해 단편으로만 알 수 있다. 그러한 사정에도 불구하고 승과는 제도화가 굳건히 이루어졌다. 조계종과 천태종은 선종선이라 하고 광명사(廣明寺)에서 주로 최종고시를 보았고,

화엄종과 천태종은 교종선이라 하여 왕륜사(王輪寺)에서 선발하였다. 합격자에게는 법계(法階)를 준다. 승계라고도 하며 유교 관료의 관계(官階)에 상응한다. 고위의 승관이나 사원의 주지로 취임할 수 있다. 대덕(大德)-대사(大師)-중대사(重大師)-삼중대사(三重大師)(공통) 수좌(首座)-승통(僧統)(교종 : 화엄종, 법상종), 선사(禪師)-대선사(大禪師)(선종 : 조계종, 천태종) 등 6단계의 승계가 주어졌다. 일연은 승과에서 최고 등급 상상과에 합격하였다.

### 3. 비슬산 수행기(1227~1249)

일연은 승과 상상과에 합격했음에도 포산(包山) 보당암(寶幢庵)에 머물며 마음에 선관(禪觀)을 가졌다. 당시 관례상 승과 합격 승려들은 인사 곧 승정(僧政)을 통해 법계의 부여와 승진 그리고 승록사 직원과 주지 등에 임명되었다. 법계의 부여는 승비(僧批)라고 하는데 거기에는 추천과 심의, 국왕의 비준 그리고 문서를 작성하기까지 절차화 된 제도가 있었다. 삼중대사 이상은 관고(官誥)를 주어 국왕의 제가에 의한 배수이고 그 이하는 제수라 하여 상서성에서 직접 처리한다. 삼중대사 이상은 일반 관계의 대부(大夫), 중대사 이하는 낭(郎)에 해당된다. 승진을 고과한 관청은 승록사이다. 자격이 있다고 하여 모두 승진하는 것은 아니고 해당 종파의 공론에 의한 동의를 받아야 했다. 추천을 받은 고승은 서경(署經)[낭사의 인사검증]을 거쳐야 했다. 승계(法階)의 승진은 일반관료의 승진과 크게 다른 바가 없었다.

일연은 승과 상상과에 합격한 후 포산 보당암으로 가서 선수행(禪修行)을 하였다. 1227년(고종 14) 이후는 승정도 최우가 장악한다. 원래 국왕이 최종 결재권자이지만 최충헌은 이부와 병부의 인사권을 가진다. 이 시기 승정도 예부와 승록사가 소관하여 국왕이 결재하지만 역시 최우가 장악한다. 일연이 보당암이라는 작은 사찰에 머물렀던 것은 개경의 무신정권이 승정을 장악하고 있는 현실에 절망하였기 때문이다. 이 시기 무신정권은 굴산문의 수선사(修禪社)를 적극 지원하였다. 최충헌 집권 때부터 사액을 내렸고 최우 시기에도 지원을 계속한다. 한편 가지산문은 선종의 위기 곧 의천(義天)과 담진(曇眞)에 의한 천태종과 굴산문의 종세 강화에 대한 위기를 인종대 학일(學一)의 왕사책봉을 계기로 다소간 회복하였다. 무신집권기에는 이규보의 글에서 보면 혜문(慧文) 선사가 운문사로 찾아가 우거하면서 문도가 두서너 사미뿐이었다. 가지산문은 위축되었다. 가지산문의 일연은 경상도의 비슬산 작은 암자에 은거할 수밖에 없었다.

왜 하필 보당암으로 오게 된 것인지는 알 수 없으나 여기에 11년 정도 머물렀다. 보당암은 포산에 위치하는데 포산은 비슬산의 다른 이름이다. 이첨(李詹)은 「보당암중창법화삼매소」

라는 글에서 '비슬산 정상에 한 암자가 있으니 그 이름을 보당이라 하고 이를 수리하게 되었다'고 하였다. 천왕봉 정상부에는 고려 와편이 일부 발견되었다.

사진 12. 비슬산 천왕봉 정상부

사진 13. 천왕봉정상부 어골문기와편

그런데 후대 지리지에는 대견봉(大見峰)이 최고봉이라는 주기에 따라 이 봉에 있는 사지 대견사(大見寺)를 보당암으로 지목한다. 최근 현재 대견봉에서 남서쪽 능선 중단부에 위치하는 달성 용리 사지 시·발굴조사 결과 건물지, 어골문 평기와, 청자편 등이 발견되었다. 특히 '대견불만(大見佛卍)'명 기와에서 사명(寺名)인지, 불교 명구(名句)인지 더 조사가 필요하지만 '대견'은 현재 대견사와 관련이 있어 보이며 고려시기까지 소급될 수 있다.

사진 14. 비슬산 대견사

사진 15. 비슬산 대견사지

사진 16. 대견불만명 기와편

사진 17. 대견불만명 탁본

하지만 실제 천왕봉이 최정상이고 천왕봉 아래 도성굴(道成窟)이 있다. 고려 초 성범(成梵)이 주석하고 만일미타도량을 연 도성사와 신라 때 도성이 수도하고 현신 성도한 곳인 도성굴이 바로 보당암이 아닐까 추정되기도 한다.

사진 18. 비슬산도성암

사진 19. 도성암에서 본 천왕봉

사진 20. 비슬산도통암 추정

 일연은 비슬산이 수도하기 좋은 영산(靈山)임을 익히 알고
있었다. 그에 대한 기록은 일연이 쓴 『삼국유사』 피은 포산
이성조에 나온다. 일연은 여기서 향(鄕)에서 이르기를 소슬산
(所瑟山)이라고 한 것은 범음(梵音)인데 그 뜻은 포(包)라 한다는
협주를 붙여 소슬산을 포산이라고도 한다는 견해를 붙였다.
그리고 신라 때 관기(觀機), 도성(道成) 두 성사가 남령(南嶺)과 북
혈(北穴)에서 서로 바라볼 수 있는 거리에서 수도하였다. 도성
이 암상에서 늘 연좌(宴座) 수행하던 중 바위에서 솟구치니 간
곳을 몰랐다. 관기 역시 귀진(歸眞)[진리의 세계로 감]하였다고 한
다. 도성이 수도한 굴의 아래에 절을 두고 고려 성종대 성범
(成梵)이 와 주석하여 만일미타도량을 열자 상서로운 현상이
많았다. 현풍현의 신사(信士)들이 결사하여 향목을 절에 올렸
다. 산에 들어가 향(香)을 채취하여 쪼개어 씻어 말릴 때 밤에
빛을 내는 것이 촛불 같았다. 군인(郡人)이 그 향도에 시주하고

빛을 얻은 해로 축하하였다. 곧 두 성인의 영감(靈感) 혹은 산신(山神)의 도운 바였다. 신명(神名)은 정성천왕(靜聖天王)으로 가섭불시절 부처님의 부촉을 받아 서원하여 산중 일천인 출세(出世)를 기다려 나머지 과보를 받겠다고 하였다. 산 중 구성(九聖)의 유사(遺事)가 있는데 자세하지는 않지만 관기, 도성, 반사(撥師), 첩사(牒師), 도의(道義), 자양(子陽), 성범, 금물녀(今勿女), 백우사(白牛師) 등이다. 일찍이 포산에서 우거한 반사, 첩사 등 이사(二師)[두 스님]의 아름다움도 아울러 남겼다. 일연은 포산은 관기, 도성의 영감과 산신 정성천왕의 도움으로 득도할 수 있는 영산임을 말하고 득도한 9사를 꼽았다. 답사하여 보면 비슬산은 바위로 구성되어 있다. 암산에는 수도하기에 좋은 기가 발생한다는 속설이 있다. 대견사, 도성암 등에는 바위가 사방에 있고 수도하기 좋은 암굴과 연좌석이 있다.

사진 21. 비슬산 암괴

포산이 수도처로서 명성이 있었던 것은 천인(天因)이 이곳에서 수년간 수도하여 크게 깨달았다는 사실에서도 알 수 있다. 임계일이 쓴 「정명국사시집서」에 따르면 천인은 원묘국사에게 참알(參謁)[참예하고 뵘]하고, 혜심(慧諶)을 찾아가 조계의 요령을 터득하였다. 지리산과 비슬산에서 종적을 감추고 수행한 후 혜식(慧識)[지혜]과 기변(機變)[임기응변]이 바람처럼 일어났다.

1236년(고종 23) 병난이 있자 일연은 피난하려고 문수오자주(文殊五字呪)를 염송하고 감응을 기다렸다. 벽 사이에서 문수보살이 현신하여 '무주북(無住北)'이라 하였다. 다음 해 여름 다시 이 산 묘문암에 거주하였다. 암자의 북쪽에 난야가 있는데 이름을 무주(無住)라 하였다. 일연이 앞의 기억을 깨닫고 이 암자에 머물렀는데 항상 생계(生界)[현실세계]가 불감(不減)하고, 불계(佛界)[불교진리의 세계]가 부증(不增)이라는 부처님 말씀을 참구하였다. 어느 날 홀연히 활연대오(豁然大悟)[크게 깨달음]하고, 사람들에게 이르기를, '금일에야 비로소 삼계(三界)[욕망의 세계, 형체의 세계, 정신의 세계]가 환몽(幻夢)[환상과 꿈]임을 알고 보니, 진대지(盡大地)[온 세상]가 섬호(纖豪)[실오라기와 터럭]만치도 장애(障礙)함이 없다'라고 하였다. 이 해에 중대사를 제수받고, 1246년에 선사가 되었다.

1232년 강화도로 천도함에 몽골군이 대규모로 침입하여 부인사의 대장경판이 소실되는 큰 피해를 입었다. 환도[개경으로 되돌아옴]를 압박하기 위한 대대적인 침공이었다. 1236년 병난은 경상도 지역까지 이르렀다. 경주까지 침입하여 황룡사가 소실되었다. 이 해는 재조대장경판을 조조하기 시작한 때이기도 하다. 몽골에 대한 대규모 항전을 지속하기 위하여 최우 정권은 재조대장경 불사를 통해 법보신앙(法寶信仰)으로 단결을 시도한다. 각 지역 사원의 물적 인적 기반을 항몽에 동원함으로써 강도에 고립된 자기 정권을 내륙의 여러 지역과 연결하고 나아가 정권을 보위하고자 하였다. 일연은 이 시기에 더욱 깊이 은둔의 길을 걷고 최씨 정권에 협조하지 않았다. 1237년 중대사(重大師)로 승계를 올리고 1246년 선사(禪師)의 승계를 더한 것은 최씨 정권이 일연의 협조를 구하고자 한 것이다. 통상 법계의 승진 연한이 얼마인지는 알 수 없지만, 비슬산 깊숙이 은거한 일연에게는 주지직 없이 승계만 올려 주었다.

최우는 적자가 없다. 기생 서련방(瑞連房)을 특별히 총애하여 2남을 얻었는데 만종(萬宗)과 만전(萬全)이다. 최우는 처음 사위 김약선(金若先)에게 병권을 넘겨주려고 하였다. 만종과 만전이 난을 일으킬까 염려하여 모두 송광사에 보내 체발(剃髮)[머리깎음]하여 선사의 승계를 주었다. 만종과 만전의 스승은 당시 수선사주 혜심(慧諶)이었다. 만종은 단속사(斷俗寺)에, 만전은 쌍봉사(雙峯寺)에 주석하게 하였다. 모두 무뢰승을 모아 문도로 삼아 오로지 경제적 이익만 추구하였다. 금백(金帛)이 거만(巨萬)에 이를 뿐만 아니라 경상도 소축미 50여 만석을 대여하여 이자를 취하였다. 가을에 벼가 익으면 징수가 심하여 민에게는 남은 곡식이 없고 조세도 낼 수 없었다. 그들 문도가 이름난 절을 나누어 점거하여 횡행하였다. 불교사원을 최씨정권의 재원조달 창구로 황폐화시켰다. 50여 만석의 재정기반은 유경(柳敬)과 김준(金俊)이 최씨 정권을 종식시킨 무오정변의 공신녹권에 보이는 익성보(翊聖寶)라는 재단에 속한 그것일 것이다. 이러한 사실을 모두 알고 있던 일연은 최우정권에 전혀 협조하지 않고 민의 참상을 구제할 사상, 신앙적 방법을 탐구하였을 것이다.

1249년(고종 36) 정안의 정림사로 떠나기 전까지 22년간 일연은 비슬산에서 수도하였다. 여기서 사상적 숙성을 이루었다. 생계(生界)가 줄지 않고 불계(佛界)도 늘지 않는다는 화두를 참구하여 삼계 곧 욕계, 색계, 무색계 등 모두가 환상과 꿈과 같으며, 대지(大地)를 봄에 작은 걸림이 없다는 깨달음을 얻었다.

이러한 선관을 통한 깨달음은 신라이래 비슬산의 불교사상과 신앙적 기반을 모두 흡수한 가운데 이루어진 것이다. 비슬산은 현풍, 성주, 창녕, 밀양 등지에 걸쳐 있으나 현풍현과 가장 근접하였다. 『신증동국여지승람』과 일연비, 『삼국유사』 등에서 보면 산에는 다수의 사원이 있었다. 화엄종풍의 옥천사, 관음신앙의 대견사, 유가종풍의 유가사, 아미타도량의 도성사, 문수신앙과 다라니 신앙의 무주난야, 선종의 보당암, 인흥사 등이다.

이미 도성이 득도한 곳에 성립된 사원에 성범이 만일미타도량으로 현풍 군민의 신도 조직을 형성하고 상서로운 현상이 많았다. 비슬산 일대에는 의상(義湘)의 화엄사상을 전교한 옥천사가 있었고 유가종풍의 유가사도 일연이 수행하던 당시에 종세를 유지하였다. 일연이 화두를 집중 참구한 무주암은 그의 꿈에 오자주(五字呪)를 암시한 문수신앙(文殊信仰)과 다라니(陀羅尼) 신앙 전통이 있던 곳이다. 법화신앙 역시 비슬산에서 성행하였다. 천인이 이곳에서 여러 해 수도한 후 혜식(慧識)과 기변(機變)이 바람처럼 일어났다고 하였기 때문이다. 요세(了世), 천인(天因) 등으로 이어지는 백련사의 전통은 구생정토(求生淨土)[정토에 태어나기를 희구함]와 법화참(法華懺)[법화사상을 통한 뉘우침]을 바탕으로 한다.

최씨정권의 독단과 타협하지 않고 은거하여 오로지 선의 정진을 통한 깨달음을 추구하는 은둔과 정진의 시기이다. 몽골침입이 불러일으킨 고려 민중의 가혹한 현실을 목도하면서 그 극복을 어떻게 해 나가야 할지를 수행을 통해 참구하는 시기이다.

## 4. 남해 정림사, 윤산 길상암에서 저술기(1249~1261)

1249년 정안(鄭晏)은 자기 집을 사원으로 한 정림사(定林寺)에 일연을 초청한다. 이후 1261년 원종(元宗)의 조서를 받고 선월사에 주석하게 되기까지 12년간 그는 남해 일대에 머물렀다.

여기서의 활동은 구체적으로 보이지 않지만 정안이 어떤 인물이며, 남해에서 무엇을 하였는지, 그를 초청한 이유 등을 통해 일연의 활동을 알 수 있다.

1249년은 최우가 죽고 최항이 집권한 시기와 일치한다. 그동안 최우정권과는 전혀 접촉하지 않았고 정안 역시 최우의 전횡에 반감을 가지고 남해에 은둔하여 지내고자 하였다. 정안의 초명은 분(奮)인데 아버지 정숙첨(鄭叔瞻)의 딸이 최우와 결혼함에 따라 최우와는 처남매부 관계이다. 그는 불교뿐만 아니라 다양한 사상에도 관심을 가지고 최우 천권(擅權)[권력을 함부로 행사]에 피해를 입지 않으려고 남해에 은거하고 있었다. 정안의 누이가 최우의 처 정씨였다. 1231년 그녀가 죽자 변한국대부인(卞韓國大夫人)으로 증직하고 경혜(敬惠)라는 시호까지 내렸다. 정안은 성품이 총명하고 지혜로웠다. 어린 나이에 등제하여 음양, 산술, 의약, 음률 등에 정밀하게 밝지 않음이 없었다. 진양(晉陽)에 외관(外官)으로 나갔으나 어머니가 늙었다는 이유로 사직하고 하동(河東)에 돌아가 노모를 봉양하였다. 최우가 그의 재주를 아껴 국자좨주(國子祭酒)에 임명하였으나 정안은 최우의 천권(擅權)을 보고 꺼려하여 그 해를 입지 않으려고 남해로 퇴거하였다.

불교를 좋아하여 명산의 좋은 사찰에 두루 유람하고 사재를 들여 국가와 나누어 대장경 간행 비용의 반을 부담하기로 약정하였다. 그런데 『고려사』 열전에는 그가 불교를 믿음이 크게 번거로워서 한 지역이 고통을 받았다고 하였다. 정안은 퇴거하여서도 화가 미칠까 두려워하여 최우의 외손을 길러 자식으로 삼고자 김미(金敉)를 받아들였다. 그리고 권귀에 아첨하였고 사치하기를 좋아하여 집과 그릇을 극히 화려하게 꾸몄다. 최항은 집권하자 지문하성 참지정사로 승진시켜 불렀다. 하루는 문생과 시국을 논하면서 인명을 죽이는 것이 많다고 한 말이 최항에 누설되었다. 난을 도모한다는 빌미로 가산을 적몰하고 백령도로 유배 보낸 다음 사람을 보내 물에 빠뜨려 죽였다.

정안이 대장경 조조사업을 반분하기로 약정한 사실은 최우의 의심을 벗어나기 위한 것과 그 자신 불교에 대한 관심이 높았기 때문이다. 실제 그의 가산이 들어간 사실은 그 일로 지역의 민들이 싫어하고 고통 받았다는 말에서 잘 알 수 있다. 남해는 대장경 목판의 재목을 구하기 좋은 곳에 입지한 때문이기도 하였고 또한 바닷길에 서툰 몽골의 침입에도 안전하다는 이유도 있었다. 무신정권은 서해안과 남해안에 이르는 바다 길을 개척하고 도서(島嶼)[크고 작은 섬]를 근거로 성을 쌓는 등 강도 이외의 천도 대안을 준비하고 있었다. 해상로를 거쳐 청자를 보급받고 서해안을 통한 남송으로의 진출도 시도하였다.

재조대장경 목판의 목질을 분석한 바에 따르면 거의 산벚나무인데 그 산지는 가야산 일대였다. 여기서 벌목한 나무를 섬진강으로 보내면 남해에 흘러들고 이곳에 목재를 가공할 수 있었다. 대장경 보판『종경록』에는 '정미세 고려국 남해분사 대장도감 개판(丁未歲 高麗國 南海分司大藏都監 開板)'이라는 간기가 있다.

남해분사대장도감은 어디에 설치되었는가. 남해 어디에 있었을 것이라는 견해와 거기서 멀지 않은 진주 단속사(斷俗寺)에 위치하였을 것이라는 의견, 하동 정림사에 자리하였을 것이라는 주장 등 다양하게 제출되었다. 이러한 현상은 유적 조사에서 아직 아무런 단서가 발견되지 않았고, 정림사의 정확한 위치도 현재까지 특정하지 못하기 때문이다.

더구나 대장경 조조 기구의 운영 등도 여러 논설이 표명되었지만 모두 결정적 근거가 지금까지는 부족하다. 우선 강화의 대장도감에서 총괄하고 다른 지역에 다수의 분사도감을 두어 각성(刻成)하여 종합하였을 것이라는 논의이다. 남해도 분사도감의 하나일 뿐이라는 것이다. 남해에서 대규모 공방(工房)을 만들어 거기서 목판을 준비하고 판각과 교정 등이 함께 이루어졌고 이를 강화도 판당(板堂)으로 최종적으로 옮겼을 것이라는 논지를 비롯하여 전국 계수관(界首官)의 조직을 동원 분담 작성하여 남해에서 모아 강화의 판당으로 옮겼을 것이라는 연구도 있다. 이때도 목판의 제조는 남해에서 이루어졌을 것이라는 설이다. 남해는 대장경을 각성하는 중요한 지역이었다는 것은 공통적이다.

정안이 개인적으로 발문을 붙이고 단속사의 만종이 간행한

보판의 『선문염송집』 간행물도 인쇄되었다. 단속사에서는 대
장경 간행사업을 마무리하고 이규보의 문집도 간행하였다. 단
속사는 대장경 개판에 일정한 역할을 하였을 것은 분명하다.
단속사가 소재한 곳은 진주이며 이곳은 최씨가의 식읍이었다.
식읍은 명예적으로 설정해왔으나 최씨가에 내린 식읍은 실질
적이었다. 좌창(左倉)[관리녹봉재정]에서 진양(晉陽)[진주]의 조세를
거둬들이자 국왕이 진양은 최우의 식읍이 되었다는 이유로 좌
창별감 왕중선(王仲宣)을 축출하라는 명을 내린 적이 있다. 진
양은 재조대장경사업 경비를 최씨가가 사재를 많이 낼 수 있
는 고장이다.

　정림사에서 일연의 활동은 무엇이었을까? 재조대장경 판각
사업은 1236년에 시작하여 1251년 최항에 의해 완성된다. 일
연이 초청된 시기는 대장경조조 사업이 막바지에 이른 시기이
다. 대장경 조조가 가장 많았던 때는 1243년부터 1245년 사이
이다. 대장경 사업이 일단락된 것은 1248년이다. 일연이 정림
사에 초청받아 주석한 1249년은 대장경 보판 작업이 진행되
던 시점이다. 비문을 보면 일연은 대장경을 두 번 열람하였
다. 그만큼 대장경에 대한 상당한 이해가 있다. 대장경 읽기
가 정안의 초청에 의해 정림사에 주석했을 때 이루어진 것인
지 여부는 확실하지 않지만, 대장경의 교열에 역할을 하였고
보판작업에 주로 간여할 수 있는 능력과 실제 그러한 활동을
했을 가능성은 높다. 일연의 저술 가운데 『선문염송사원』이

있는데 이는 『선문염송집』을 풀이한 편수 저술일 것이다. 그 외에도 선종 전적 중에도 중요한 부분인 『종경록』과 『조당집』은 일연이 편수 가운데 『조파도』와 연관될 수가 있다. 보판의 개판이 주로 이루어지던 시기는 1254년이다. 이 해는 정안이 최항에 의해 죽음을 맞고 난 뒤였다. 1256년 51세 일연은 윤산(輪山) 길상암(吉祥庵)에서 『중편조동오위』를 저술하였다. 이는 1260년 간행되었는데 보판 작업의 하나였을 것이다.

보판사업은 초조대장경 작업 이후 의천에 의해 장소(章疏)를 집대성한 교장사업의 보완과 후속사업이다. 곧 정장(正藏)에 대한 이해를 위해 저술된 장소류(章疏類)의 집성이다. 의천의 교장(敎藏) 전체적 내용은 『신편제종교장총록』에서 알 수 있는데 균여의 저술과 선적류(禪籍類)가 모두 제외되고 있다. 그런데 보판에는 선적류와 균여의 저술이 상당히 수록되어 있다. 『신편제종교장총록』 같은 목록이 전하지 않는 관계로 보판의 전체적 규모는 알 수 없다. 천태종 관련 저술도 발견되고 균여 저술도 새롭게 인본(印本)으로 발굴되고 있다.

1259년에 대선사에 올랐다. 1258년 무오년 김준과 유경에 의한 무오정변으로 최씨정권이 완전히 몰락한다. 최씨 정권과 큰 연관이 없던 일연이 다시 주목받는다. 무인정권 말기 일연은 비슬산에서 나와 남해에서 자신이 얻은 깨달음을 교학적으로 수련하기 위해, 나아가 고려사회의 위기를 타개하는 한 대책으로 대장경 보판작업과 각종 저술작업에 몰두한다. 대장경을 두 번 정독하여 선종 불교 전적과 경전 이해를 도울 수 있는 저술작업에 전력한다.

## 5. 선월사, 인흥사, 운문사에서 활동기(1261~1281)

1261년(원종 2) 일연은 국왕의 조서를 받고 서울에 가서 선월사(禪月社)에 주석하였다. 개당(開堂)[설법회를 엶]하고 멀리 목우화상(牧牛和尙)을 이었다. 일연은 남해 생활을 정리하고 선월사에 주석하면서 설법을 하였다. 일연은 승과 상상과에 급제하여 선사의 승계에 이르도록 비슬산 암자와 정안의 사제로 이루어진 정림사주에 초청되었을 뿐, 이름난 사원의 주지에 국왕의 명으로 나아간 적이 없었다. 그만큼 선월사 주석 개당은 원종이 불교계를 정비하기 위해 일연을 발탁하였음을 보여준다.

1258년 무오정변으로 최씨정권이 막을 내렸다. 김준, 유경 등에 의한 왕정복고가 이루어진 것이지만 김준 집정기였기 때문에 국왕 친정체제는 아닌 채로 몽골과의 화의가 진행되고 있었다. 일연의 발탁은 김준집정기에 활동한 경주출신 박송비(朴松庇)의 추천이 있지 않았을까 한다. 박송비는 일연비의 속제자 명단에 올라 있다.

'부경 주선월사 개당(赴京 住禪月社 開堂)' 구절에 대한 이해에는 약간의 차이가 있다. 이 시기의 경은 개경을 지칭한다는 해석이다. 이미 개경으로 환도하려는 계획이 추진 중이었다.

선월사 역시 강화경에 있는 선원사의 오기가 아니라 개경에 있는 전혀 다른 절이라는 해석이다. 일연이 개당하고 멀리 목우화상을 이었다는 표현에서 목우화상은 지눌(知訥)을 말한다. 지눌은 최충헌이 사액하고 최씨 정권 내내 깊이 연결된 수선사의 초대 사주이므로 일연이 주석한 선월사는 수선사의 분사(分社)라 할 수 있는 선원사(禪源社)로 보는 것이 보다 사실에 가깝다. 최씨 정권과 밀착된 수선사를 새로운 정변세력이 접수하려는 차원으로 해석된다. 이것이 일연이 발탁된 이유라 할 수 있고 사주 지눌의 사상을 멀리서 계승한다는 표현이 나온 것이다. 수선사는 선종 구산파 중 굴산파이고, 일연은 가지산파에 속하기 때문이다.

1264년(원종 5) 가을에 일연은 남환(南還)하게 해 줄 것을 여러번 청한 뒤 오어사(吾魚社)에 머물렀다. 얼마 안 있어 인홍사주(仁弘社主) 만회(萬恢)가 그에게 주석을 양보하자 학려(學侶)[공부하는 승려]들이 구름처럼 몰려 왔다. 일연이 남환을 청한 배경은 무엇인지 알 수 없다. 남환 지역은 일연이 원래 활동한 비슬산을 포함한 경주 일원의 경상도이다. 이 시기는 원종이 재차 연경에 친조(親朝)를 떠났고, 김준이 교정별감이 되었다. 일연의 남환은 조정의 이러한 구도 변화와 관련이 있을 것 같다.

1268년(원종 9) 여름에는 조정의 명이 있어 선교명덕(禪敎名德)[선종과 교종의 고승] 100원(員)을 모아 운해사(雲海寺)에서 대장(大藏) 낙성회를 열어 일연이 주맹(主盟)을 맡았다. 낮에는 대장경을 읽고 밤에는 종취(宗趣)를 담론하고 제가(諸家)의 의문 되는 바를 일연이 물 흐르는 듯 분석·해석하였다. 정밀한 뜻이 신성(神聖)의 경지에 이르니 경복하지 않음이 없었다. 일연이 운해사 대장낙성회를 주맹한 배경은 잘 알 수 없다. 이해 6월 몽골은 고려에 전함과 조정군 상당수를 부과하였다. 군병은 1만명을 조발하고 전함은 1,000척을 건조하기 시작했다. 몽골과의 화의조건에 시달리면서 경제적 어려움에 처하고 불교계 역시 동요하였다. 선종과 교종승이 함께한 낙성회는 불교계의 동요를 막는 한 방편일 가능성이 있다.

운해사는 어디에 있는 절인지, 대장(大藏)을 어떤 목적으로 조성했는지 알려지지 않는다. 일연이 남환하여 활동 중이므로 공산의 은해사(銀海寺)를 말하는 것은 아닐까. 대장낙성회는 전장법회(轉藏法會)인데 다른 사례에도 나오지만, 낮에는 대장경을 전독(轉讀)하고 밤에는 종취를 토론한다. 낙성이라 한 것으로 보아 대장경을 새로이 갖추고 그것을 기념하는 대회이다. 고경(古京) 곧 개경으로 환도를 위한 출배도감(出排都監)이 설치되고 준비 중인 것으로 볼 때 개경의 사원을 정비하는 과정에서 계획된 법회일 수가 있다. 선승 일연이 주맹으로 초청받음으로써 그는 선교(禪敎)를 아울러는 명망 있는 고승이었다.

인흥사가 창건된 지 이미 오래되어 건물이 낡고 사역도 낮고 좁아 일연이 이곳에 머문 지 11년 만에 절을 확장 보수하였다. 조정에 알려 인흥(仁興)이라는 액호로 바꾸었는데 국왕이

제액을 써서 내려 주었다. 포산의 동쪽 기슭에 있는 용천사(湧泉寺)를 수리하고 불일사(佛日社)로 하였다. 1264년 남환하여 오어사에 머물다가 얼마 뒤에 인흥사에 이르렀다. 일연이 인흥사를 중창한 시기는 1275년을 전후한 시기이다.

사진 22. 인흥사지(남평문씨세거지)

사진 23. 인흥사지 어골문와편

사진 24.
인흥사지 삼층석탑
(경북대 월파원 이전)

사진 25. 용천사(불일사)

사진 26. 용천사 용천

　1270년 집정(執政) 임유무(林惟茂)가 주살되면서 개경 환도가 결정되자 삼별초 일당이 진도, 탐라 등지로 옮겨 다니며 새로운 정치세력을 형성하였다. 여몽연합군이 1273년 2월 이들을 탐라에서 최종 진압하였다. 일연은 『삼국유사』에서 무신정권의 종말과 관련된 삼별초의 항전을 '적난(賊亂)'이라 표현하여 그것에 비판적이었다. 원종의 왕정에 협조적이었다. 1274년 8월 충렬왕이 고려에 와 즉위하였다. 10월 일본 동정(東征)에 실패하고 다시 원정을 시도하자 중지를 건의하였다. 1276년 정월에는 원 세조의 명으로 최종 동정 준비가 중단되었고 이 무렵 남송(南宋)도 항복하였다. 시대 배경에 따라 소강(小康)의 분위기에 들자 인흥사와 용천사를 수리하고 개명(改名)하여 새롭게 할 수 있었다.

인흥사와 불일사는 일반 사원과 달리 '사(社)'라는 사명을 띠고 있다는 점에서 결사를 위한 사원경영이었다. 사원을 확장하고 불일결사문(佛日結社文)을 작성하였다. 수선사가 최씨 정권의 기반으로서 많은 입사자(入社者)를 받아들인 것은 혜심의 비음기에서 짐작할 수 있다. 가지산문 중심의 세속 지식인의 입사를 염두에 둔 사원 확장이다. 일연의 제자 선린(禪隣)이 1274년 인흥사에서 『묘법연화경관세음보문품』을 간행하여 관음신앙을 보급하였다. 선린을 통해 지역 호장층과 더불어 동정 준비에 지친 지역민을 일연이 관음신앙으로 안정시키려는 한 모습이다.

1277년(충렬왕 3) 일연은 조서를 받아 운문사(雲門寺)에 주석하고 그의 종풍(宗風)을 크게 떨쳤다. 충렬왕이 날로 일연에 기울어져 시를 보내 이르기를 "밀전(密傳)에 어찌 다시 제자의 예를 하겠는가, 절에 불러서 만나니 또한 기이하다. 연공(連公)을 대궐에서 만나기를 바라듯 하는데, 스님은 어찌 흰 구름의 가지에 길게 관심을 가지시는가"라 하였다. 충렬왕의 일연에 대한 존숭은 직접 시를 보내 만나기를 청할 정도였다.

충렬왕은 일연을 가지산문의 지역 본산이라 할 수 있는 운문사(雲門寺)에 주석으로 발령하였다. 일연으로서는 원종대 선월사에 이어 국왕 조서로 주석한 두 번째이다. 운문사는 인종대 학일(學一)이 하산한 사원으로 가지산문의 중요사원이었다.

하지만 최씨정권기에는 김사미난에 휩쓸려 큰 타격을 받았기 때문에 혜문(惠文) 대선사가 문도 수명 밖에 못 거느린 한산한 산문이었다. 일연은 여기에 부임하여 가지산문의 재흥을 위한 중심사원으로 삼고자 하였다. 『삼국유사』 보양이목조에 따르면 운문사 관련 문서를 많이 검토하고 사원의 경제기반을 찾는 작업을 진행하였다. 신라 때의 사원현황, 고려 태조대의 지원, 각종 사적기에 나타난 시납내역 등 어느 사원에 비해서도 충실히 자료를 수집하고 관심을 보였다.

1281년(충렬왕 7) 여름 일본 동정군을 전송하고 돌아가는 길에 왕이 동도(東都) 즉 경주에 들렀을 때 일연에게 조서를 보내 행재소(行在所)[국왕이 지역에 머무는 곳]로 불렀다. 일연이 이르자 자리에 오르게 청하고 받들고 공경하기를 갑절로 하였다. 일연의 「불일결사문(佛日結社文)」을 받아 서명하고 입사(入社)하였다. 충렬왕이 경주에 머문 기간은 6월 계미(癸未)에서 7월 기해(己亥)까지 보름 정도였다. 이 기간 왕과 일연은 경주에서 함께 하였다. 『삼국유사』 탑상조에서 특히 황룡사(皇龍寺) 관련 기록을 세 건이나 남겼다. 신라왕권의 상징 황룡사에 대한 관심과 폐허가 된 절터에서 많은 감회가 있었다.

1277년에서 1281년 사이에는 다시 일본원정이 준비되었다. 1277년 홍다구(洪茶丘)가 정동원수(征東元帥)에 임명되고 1279년에는 전함 900척을 만들게 하였다. 이때 영남(嶺南)[경상도지역]의 민들이 어떤 고통을 경험했는지 1280년 충지(冲止)가 쓴 시에 자세하다.

영남의 쓰라린 모습
말보다 눈물 먼저 흐르네
두 도에서 군량(軍糧)을 준비하고
세 곳 산에서 전선(戰船)을 만들었네
부세와 요역은 백배나 되고
역역은 삼년에 뻗쳤네
징구(徵求)는 성화같이 급했고
호령은 우뢰처럼 전하네
사신(使臣)도 항상 계속되었고
서울의 장수는 잇달아 있네
팔은 있어도 모두 묶여 있고
채찍 받지 않는 등심 없었네
맞이하고 보내는 것은 보통 익숙했고
밤낮으로 수송이 이어졌네
우마(牛馬)의 완전한 등은 없고
인민도 쉬지 못하네
새벽엔 칡 캐러 가고
달빛 맞으며 띠풀 베어 돌아오네
수수(水手)는 밭고랑으로 몰고
초공(梢工)[목수]은 해변으로 가네
하인 뽑아 갑옷 입히고
장사 뽑아 창 메게 하네

단지 시간이 촉박하니

어찌 촌각이라도 지연이 용납되랴

처자식은 땅에 주저앉아 울고

부모는 하늘 보고 울부짖네

유명이야 다르지만

목숨 보존을 어찌 기약할 수 있으랴

남은 사람은 노인과 어린이뿐

억지로 살려 하니 얼마나 고달픈 일이랴

고을마다 도망간 집이 반이요

마을마다 토지가 황폐해 졌다네

어느 집인들 토색질 당하지 않을 것이며

어느 곳인들 시끄럽지 않으랴

관세(官稅)도 면하기 어려우니

군조(軍租)를 어찌 덜 수 있을까

백성의 질고는 날로 심하고

피곤과 병은 어찌 회복되랴

접하는 일마다 모두 슬픔을 견디려니

삶이란 진정 가련하구나

비록 형세 보존키 어려움을 알지만

하소연 할 곳 없음을 어찌하랴

제(帝)의 덕은 푸른 하늘처럼 덮었고

황제의 밝음은 백일 같구나

어리석은 백성은 진실로 기다리니

성택(聖澤)은 반드시 베풀어지리라

삼한 안에서 볼 수 있으리
집집마다 베개 높이 베고 잠잘 수 있기를

(충지(沖止), 「嶺南艱苦狀二十四韻」
庚辰年造東征戰艦時作(1280) 『圓鑑國師集』 詩)

　충지는 군량과 전선 만드는데 동원되고 군인으로 징발된
영남민의 어려움과 고통을 절실하게 표현하였다. 참상이 더
할 수 없이 기혹하였다. 부세와 요역은 백배나 되고 역역은
삼년에 뻗쳤다. 남은 사람은 노인과 어린이뿐, 억지로 살려고
하니 얼마나 고달픈 일이냐 하였다. 고을마다 도망간 집이 반
이라 하고, 마을마다 토지가 황폐해졌으며, 어느 집인들 토색
질 당하지 않음이 없고, 어느 곳인들 시끄럽지 않겠는가 하였
다. 충지는 수선사를 대표하여 원(元)에도 다녀오고, 동정군을
위해 조달된 토지를 반환해줄 것을 황제에게 소청하여 반환받
도록 활약하였다. 시의 말미에서 '원 황제만이 이 모든 고통
을 중지할 수 있다'고 하면서 원 황제의 성택(聖澤)을 기다리는
것으로 마무리하였다. 현재도 남아 있는 송광사에 소장된 티
벳트문 법지는 원의 제사(帝師)가 원 황제의 명을 대리하여 토
지를 보존하도록 보장한 문서의 잔편(殘片)이다. 고려 민의 보
호는 원 황제의 은택으로 가능하다는 인식이었다.

　충렬왕은 동정군을 위한 전선, 군량, 군인 등의 동원에 정
동원수(征東元帥) 홍다구(洪茶丘)와 경쟁적으로 공을 세워야 하였
다. 충렬왕은 고려국왕이고 제국대장공주(齊國大長公主)와 결혼

하여 원 세조의 부마(駙馬)이기도 하였지만, 나름의 공훈을 세워야만 입지가 확실해지기 때문에 동정군 동원에 적극적이지 않을 수 없었다. 충렬왕의 부 원종은 동정 준비에 미온적인 태도를 보인 탓에 원 세조(世祖)의 의심을 받고 동녕부(東寧府)가 설치되는 등의 불이익을 받았다. 반면에 고려 국왕으로서 동정군 동원에 영남민의 참상을 외면할 수도 없으며 민도 보호해야만 하였다. 마땅히 영남민의 어려움과 고통을 달래야 하였다.

국왕은 영남지역에서 오랫동안 수행하고, 인흥사, 불일사에서 결사운동으로 지역의 호장층을 신앙성으로 다독일 고승으로서 일연을 주목하고 즉위하자 계속 숭경(崇敬)[높이고 공경]하였다. 1281년 혼도(忻都), 김방경(金方慶)의 2차 일본원정을 전송하고 돌아가는 길에 일연을 경주 행재소로 초청하고 그의 불일결사에 서명하여 입사하였다. 국왕의 입사는 신하들의 입사 또한 불렀을 것이다.

비문을 작성한 민지는 「불일결사문」을 소개하지 않아 결사의 구체적 내용은 전혀 알 수 없다. 불일결사는 이미 1268년 용천사를 고쳐 불일사로 표방할 때 시작된 듯하다. 국왕의 서명과 입사로 이 결사가 국가로부터 지원받는 성속일체(聖俗一體)[승려와 세속신자가 함께 함]의 불교대중 운동으로 확산되었다. 불일사는 학승만이 아니라 세속의 여러 계층에서도 참여할 수 있는 개방된 불교 대중화 운동이다. 산립(山立)이 쓴 일연비음기에 부법제덕(副法諸德), 집사제자(執事弟子)와 함께 일품에서 4품 이하까지 수법유경사대부(受法乳卿士大夫) 39명의 명단이 나온다. 충렬왕을 따라 경주까지 수행한 중앙관인을 포함하여 이 불일결사에 입사한 자들이 포함되었을 것이다. 최씨 정권 핵심세력이 수선사에 대거 입사했던 내용이 수선사 2대 사주 혜심의 비음기에 나타난 것과 비교된다.

1281년 8월 동정군이 패하였다. 혼도, 홍다구 등은 원에 돌아갔는데 돌아가지 못한 자가 10여 만이었다. 각도 안렴사의 보고에 따르면 동정한 고려군이 9,960명, 초공(梢工), 수수(水手)가 17,029명이었는데 그중 생환자는 19,397명이었다. 파견된 인원 26,989명 중 귀환하지 못한 자는 7,592명으로 28%였다. 일본원정에 고려가 지출한 병량(兵糧)은 123,560여 석이었다.

## 6. 국사 책봉, 인각사 하산, 그리고 입적(1282~1289)

1282년 가을 충렬왕은 근시(近侍) 장작윤(將作尹) 김군(金頵)을 보내 조서를 가지고 가서 일연을 궁궐로 맞아들였다. 대전(大殿)에서 설선(說禪)을 청하여 들음에 얼굴에 기쁨이 넘쳐 유사(有司)에게 명하여 광명사(廣明寺)에 머물게 하였다. 입원하던 날 한밤에 방장(方丈)[고승 처소] 밖에 "잘 왔다"라는 말이 세 번 있었는데 보니 아무도 없었다. 겨울 12월에 친히 수레를 타고 방문하여 법요(法要)를 물었다. 경주에서 일연의 불일결사에 입원하여 제자가 된 결과 법문을 청하는 절차로 이어진 것이다. 방장 밖의 잘 왔다는 기이한 일도 있었다. 광명사는 궁궐 후원에 있었다. 궁성내에 위치하여 국왕의 불교의례와 신앙을 위하는 시설인 내원당(內願堂)의 범주에 든다. 여기에 머물게 하고 국왕이 직접 방문하여 가르침을 받았다.

1283년(충렬왕 9) 일연의 나이 78세에 충렬왕은 군신들에게 '나의 선왕(先王)은 불교계의 대덕을 왕사(王師)로 하고 덕이 또한 큰 자를 국사(國師)로 하였는데 나에게는 가능하지 않는다고 할 수 있는가'고 묻고 '지금 운문화상(雲門和尙)[일연]이 도가 높고 덕이 성하여 사람들이 함께 추앙하는 바이니 어찌 마땅히 내가 홀로 자비로운 은택을 입고 온 나라와 함께 하지 않겠는가'라고 하였다. 우승지(右承旨) 염승익(廉承益)으로 하여금 국왕의 명을 받들어 보내 전국의 존사례(尊師禮)[책봉례]를 행하기를 청하자 일연은 표(表)[신하가 국왕에 올리는 글]를 올려 굳이 사양하였다. 왕이 다시 사신을 보내 굳이 청하기를 세 번 하였다. 상장군(上將軍) 나유(羅裕) 등에 명하여 국존(國尊)으로 책봉하고 원경충조(圓徑沖照)의 법호를 내렸다. 책봉을 마치고 4월 신묘일에 대내로 맞아들여 몸소 백관을 거느리고 절을 하였다. 국사를 고쳐 국존이라 한 것은 대조(大朝) 곧 원의 국사호를 피하기 위해서였다.

비문에 나온 일연의 국사책봉 과정을 옮겨 보았다. 충렬왕이 일연을 국사로 모시겠다는 의지를 보여서 실행되었다. 일연의 은택을 온 나라와 국왕이 함께하겠다는 의도였다. 온 민의 존숭을 일연에게 드리고 국왕은 일연을 스승으로 받듦으로써 결국 국왕에게로 존숭을 돌려 국난을 극복하려는 것이다. 국사 왕사는 고려 초 광종대부터 제도적으로 성립되어 이사제도(二師制度)로 운영되고 있었다. 종신직이며 왕사를 거쳐 국사로 이어지는 것이 관례인데 일연은 국사의 지위로 바로 나아갔다. 몽골침입과 강도천도 항전기로 이어진 시기에 약간의 제도적 공백이 있었다.

3월 유청신(柳淸臣)이 원에 다녀왔다. 세조가 강남군을 징발하여 8월에 일본정벌을 할 것이라고 보고하자 다시 동정군을 징집하고 병량과 전선을 준비하였다. 이러한 와중에 일연은 국사로 책봉되었다. 충렬왕은 원의 동정군 동원압력과 민의 고통 사이에서 일연의 국사 책봉을 통해 난국을 타개하려고 하였다. 그해 5월 정인경(鄭仁卿) 등이 원에서 돌아와 다행히 세조가 동정의 논의를 중지하였다고 전하자 충렬왕은 수함(修艦), 조병(調兵) 등의 일을 그만두었다.

일연은 평소 개경에 있는 것을 즐겨 하지 않았고 또한 어머니가 늙어 옛 산 즉 고향으로 돌아가기를 요청하였는데 그 뜻이 매우 간절하였다. 충렬왕은 뜻을 거듭 어긴 뒤 허락하였다. 어머니를 모시기 위해 하산하는 길을 근시좌랑(近侍佐郞) 황수명(黃守命)으로 하여금 호행(護行)하도록 하였다. 조야(朝野)[조정과 재야]에서 그 드문 일을 찬탄하였다. 이듬해 어머니가 돌아가셨는데 나이가 96세였다. 이해에 조정에서 인각사(麟角寺)를 하안(下安)의 근거로 삼게 하였다. 근시 김용검(金龍劍)에게 수즙(修葺)[수리]하도록 하고 또한 토전(土田) 백여 경(頃)을 들여 상주(常住)[사원 유지]의 자본으로 삼게 하였다. 인각사에 이르러 일연이 다시 구산문도회(九山門都會)를 열었는데 총림(叢林)[선종계]의 성함이 근고(近古)에 일찍이 없었다.

일연은 구순(九旬)의 어머니를 모시기 위해 고향 장산군으로 돌아가기를 청한다. 돌아온 이듬해 어머니가 돌아가시자 조정에서 인각사를 하산소(下山所)[국사의 은퇴사찰]로 정하고 수리와 재정을 지원하였다. 노모 봉양을 위해 고향으로 돌아간 일은 드문 일이라고 찬탄을 받았는데 승려가 세속 부모를 모시는 일은 당시는 매우 놀라운 일이었다. 일연이 매우 효심이 있었음은 일연의 사람 됨을 서술한 비문에서 알 수 있다. 어머니를 모시고 순수한 효성이 있어서 목주(睦州)의 진존숙(陳尊宿)의 풍을 사모하여 목암이라 자호(自號)하였다. 『삼국유사』에서도 효선편을 설정하고 「진정사효선쌍미(眞定師孝善雙美)」를 서술한 바 있다. 출가자의 효성을 강조한 것이다.

인각사는 일연의 하산소로 지정되면서 면모가 일신되고 기록상에도 등장한다. 하산소라 함은 국사나 왕사가 책봉 후 개경에서 활동하다가 지방에 머무는 사원이다. 그것은 국사, 왕사의 개인적인 측면에서는 승려 생활을 마무리하는 원당(願堂)이고, 문도(門徒)의 처지에서는 사원의 확보와 수리, 경제적 기반을 마련하는 현실적인 종단(宗團)의 세력(勢力)을 구축하는 근거가 되는 의미가 있다. 또한, 국가는 각 종단의 균형(均衡)과 독자성(獨自性)을 유지하게 하려는 정책적 고려로 국사, 왕사의 하산소를 가능한 한 중첩시키지 않고 분산해서 지정하였다. 신라말 선종산문(禪宗山門)을 왕권에 끌어들이려는 정치적 목적에서 국왕이 고승을 국사로 책봉하고 그가 머무는 사원에 사비(寺碑)나 그의 사후 탑비(塔碑)를 세워 사원을 추인(追認)하였다. 고려시대에 이르러 국사 왕사제도가 보다 완비되어 책봉례(冊封禮)와 하산례(下山禮)를 시행하면서 하산소의 의미도 정착되었다.

일연은 하산의 이유로 노모(老母) 봉양을 들었다. 고향이 장산군(章山郡)이고, 포산(包山)과 운문산(雲門山)에서 주로 활동한 점을 감안 하면 그는 경상도 일대에 하산소를 지정받고자 하였다. 비록 비문에는 서술되지 않았지만, 하산할 국사, 왕사가 하산소 지정을 신청한 점을 고려하면, 그가 인각사를 하산소로 지정받는 데 노력하였다. 고향이 가깝고 어머니의 무덤이 인각사와 가까이 있었다. 그가 심혈을 기울여 가지산문(迦智山門)의 사찰을 재건하였던 곳이 포산의 인흥사, 용천사 등과 운문산의 운문사인데, 그 삼각지점에 화산의 인각사가 자리하였다.

사진 27. 인각사 전경

사진 28.
인각사 석재

사진 29. 인각사지 막새와

화산(828m)은 팔공산(八公山) 동북방 신녕(新寧) 골짜기를 넘어서 융기한 수려한 암산이다. 산은 신라 오악(五岳)에 들고 신라 때의 고찰(古刹)이 있는 팔공산에 인접한다. 화산의 정상은 분지가 되어 화산성(華山城)이 축성된 곳인데 그 연대는 알 수 없다. 이 산 서북쪽 널찍한 골짜기에 인각사가 있다. 통일신라 시기부터 있었고 경주로 들어가는 요충에 위치하였다. 일연의 사후에도 구산(九山)의 영수(領袖)를 배출하였다.

이 사찰이 하산소로 지목된 배경은 구체적으로 전하는 기록이 없다. 상단부가 없어진 석등(石燈)은 8세기로 추정되고 있고, 석탑(石塔)은 그 양식상 고려 초로 간주 되고 있어서, 적어도 신라하대에는 인각사가 건립되었을 것이다. 신라말 보조선사(普照禪師) 체징(體澄)(804-880)이 화산(花山) 권법사(勸法師)에게 가서 득도(得度)하고 가랑협산(伽浪峽山) 보원사(普願寺)에서 구계(具戒)를 받았다. 화산(花山)은 곧 군위(軍威)의 산명(山名)이고 산명을 보통 사명(寺名)과 병칭(幷稱)하는 것을 고려하면, 그것은 곧 인각사이다. 체징의 생애에 대해서는 김영(金穎)이 884년(헌강왕 10)에 쓴 「보림사보조선사비」에 자세하다. 당에서는 달마가 1조이며 우리나라에서는 도의(道義)가 1조, 염거(廉巨) 선사가 2조, 우리 선사가 3조라 하였다. 이것이 맞다면 인각사는 신라말부터 가지산문(迦智山門)에 속하는 사원이다. 신라말에는 인각사가 가지산문의 계열사원이었다.

최근의 발굴결과 인각사에서는 신라시기 청동불구가 다량 출토되었다. 그 중 신회 탑지에 보이는 청동유물 양상과 비슷하다는 견해가 있다. 인각사 출토 신라 청동불구가 승탑유구의 출토라고 하면, 그 승탑의 주인공은 앞서 체징에게 득도하게 한 화산 권법사일 가능성이 있다.

일연은 이곳에서 시적(示寂)할

사진 30. 인각사 출토 청동유물

때까지 6여 년 동안 구산문도회를 다시 열었는데 총림이 성한 것은 근고에 없었다. 구산문도회는 조계종의 구산파를 모두 아우르는 승려대회이다. 1284년 인각사가 일연의 하산소로 지정된 후 여기서 구산문도회를 개최하여 총림의 성함을 알렸다. 구산문은 고려 초 선종 전체를 의미하기도 하고 의천의 불교 통합운동 이후 합류하지 않은 선종계를 지칭한다는 견해도 있는데, 후자가 보다 타당하다. 「구산조사예참문(九山祖師禮參文)」은 고려중기 이후를 반영하고 각 산문의 조사추숭(祖師追崇)의 결과로 이루어졌다. 「구산조사알조사진의(九山祖師謁祖師眞儀)」에 관한 기록 일부도 고려중기 이규보의 글로 전한다.

구산문도회의 내용은 어떤가. 당시 상황을 알려주는 자료는 남겨져 있지 않으나 선종 승려대회인 담선회(談禪會)를 보면 내용을 짐작할 수 있다. 이규보가 3건의 담선회 방문(談禪會 榜文)을 남긴다. 작성시기는 1216년(고종 3)부터 1219년(고종 6) 이전의 시기로 추정된다. 최우(崔瑀) 정권은 국난을 계기로 이를 극복하고 선종계를 통제하기 위해 보제사 담선회를 확대한다. 물론 표방한 목적과 내용은 선의 우수성을 확인해 준다. 진신사대부(縉紳士大夫)들이 심학(心學)하지 않은 것을 수치로 여겼다. 따라서 최우는 담선회를 통하여 정권의 안정을 시도한다.

중외의 선종 각 사원에서는 매월 전최(殿最)[성적 매김]를 실시하여 부지런한 자에게 상을 주고 게으른 자에게는 힐책을 가하여 그 기봉(機鋒)[수행에 따른 활용]을 격려하였다. 각 선종사원의 단계를 넘어 선파의 특정 사원에서 모임이 있었다. 담선회 개최 1년 전에 예비적 모임이 각 선파에서 시행되었다. 이를 총림(叢林)이라 하였다. 이규보가 남긴 가지산문 용담사(龍潭寺) 총림의 예가 있다. 총림은 각 선파의 선에 관한 담설(談說)을 통해 담선회 대회 참여를 준비하였다. 선파의 사원이 돌아가며 주관하는데 경비와 주관자는 그 사원에서 하였다. 장노(長老)들이 서로 지행(志行)을 연마하고 심학(心學)을 연구하며 거듭 종문(宗門)을 정돈하니 규승(規繩)[법도 혹은 규범]이 늠름해서 범할 수 없었다. 기간은 겨울을 나는 것이라 한 것으로 보아 수개월이 걸렸다. 참가자는 사미에 이르기까지 망라하였다. 명단이 방문에 열거되었다.

중앙에서의 담선회에서는 각 선파(禪派)의 조사의 영정에 참배하는 의식 곧 '알조사진(謁祖師眞)'이 행해졌다. 각 선파의 선사상을 계승하여 단결하는 것을 의례로서 시각화한 것이다. 알조사진문(謁祖師眞文)은 이규보가 남긴 가지산(迦智山), 성주산(聖住山), 수미산(須彌山) 등 3 산문만 전하지만 나머지 6산문도 작성되었을 가능성이 있다. 구산조사진영(九山祖師眞影)도 당시에 완비되었을 것이다. 따라서 구산문에서 최우의 담선회에 협조하였을 것이다. 이러한 최우대의 사정은 바로 일연이 국사로서 주관한 구산문도회에도 적용되었을 것이다. 도회의 이름이 구산이라 한 것은 구산파의 큰 모임이기 때문이다.

이규보의 담선회방문에서 담선회의 진행방법과 규모, 기간 등을 알 수 있다. 창복사 담선회(昌福寺 談禪會)에는 변공(弁公)이 시관(試官), 진공(眞公)이 부시관(副試官)이 되어 『육조단경(六祖壇經)』과 『경산어록(徑山語錄)』을 담설하여 밤마다 공(空)을 담론하는 것으로 일정한 규정을 삼았다. 교설(敎說)이 극도에 달하자 이름난 사람과 운치 있는 선비들이 참여하였다. 날짜를 분배하여 교장(敎場)을 설정하여 교리의 종지를 말하게 하였다. 마침내 귀추(歸趨)가 정해져 이때부터 제자의 예를 갖추어 가르침을 받기를 청했다. 서보통사 담선회(西普通寺 談禪會)의 경우 소집승이 1,000명이었고 선 종장(禪 宗匠)을 초청 주관하게 하였다. 선리(禪理)를 궁구해 담선(談禪)하기도 하고 혹은 정법안장(正法眼藏)[부처님 가르침]을 깨치기도 하였다. 4월 22일부터 7월 하순까지 88일간 진행되었으며 거처, 휴식, 세수, 목욕에 불편이 없도록 하였다. 참석자의 명단이 작성되었다. 주관자가 있고 각각의 발표기회가 주어지고 귀추가 정리되었으며 세속의 참여도 있었다. 기간은 수십 일에 걸쳐 진행되었다.

담선회의 내용은 일연이 주관한 구산문도회의 내용과 별반 다른 바가 없었을 것이다. 일연의 구산문도회 개최목적은 선(禪)의 우수성을 통해 구산파(九山派)의 사상적 교류와 통합을 시도하는 것이다. 다만, 최우가 개최한 담선회는 가지산문, 굴산문, 기타 모든 산문 각기 동시에 여는 방식이었다. 하지만 일연은 국사로서 주관하고 지방 하산소(下山所)에서 구산파의 도회를 개최하였다. 가지산문이 중심이 되어 여러 산파와의 사상을 교류할 기회를 열었다. 그리고 국왕이 국사를 통하여 사상을 주도하는 종교정책을 실현한 셈이다. 아울러 이러한 대규모 모임을 감당할 수 있도록 인각사를 재정적으로 지원하고 시설을 확충하였다.

일연이 구산문도회를 연 의도는 무엇일까. 사상계를 주도하는 것이다. 구산문도회를 엶으로써 그는 구산(九山)의 영수(領袖)로서 그리고 인각사는 선종계의 사상적 중심사원으로서 부각된다. 이색(李穡)이 쓴 「인각사무무당기(麟角寺無無堂記)」에는 인각사 서공(諿公)이 구산의 영수로서 지위를 가졌다는 언급이 있다. 이 시기는 일연의 구산문도회 이후 50여 년이 경과 된 시점이다. 일연이 사상계의 주도적 위치에서 여러 선파와 종파간 사상의 교류를 이끌었던 것은 그의 사후 세워진 비문음기 문도의 소속 선파나 종파에서 잘 알 수 있다. 문도를 사법제자, 집사제자로 어떻게 구분했는지는 알 수 없지만, 가지산문 외의 굴산문, 성주산문, 그리고 천태종, 유가종으로 추정되는 승려들도 문도로 확인된다. 구산선파는 물론 이를 넘어선 사상의 통합운동과 교류의 중심에 일연이 위치하였다.

일연은 이미 의천(義天)의 겸학(兼學)[여러 분야의 학문을 공부]을 통한 사상통합 운동, 혜조국사(慧照國師)의 선풍을 통한 사상주도, 그리고 굴산문 수선사 혜심(慧諶)에 의한 사상주도의 맥을 이었다. 일연은 '박학(博學)'이라 표현된 포용적 사상을 지녔다. 그는 공민왕대 왕사로서 활동한 보우(普愚), 나옹(懶翁) 등의 사상계 주도와 통합운동에도 영향을 끼쳤다.

고승 특히 국사를 지낸 승려의 죽음은 신앙성과 국사의 상
징성이 높아 교단과 당시 사회에 영향이 깊어 매우 중요시되
었다. 특히 깨달음의 경지를 보여주는 선승의 입적시 어록(語
錄)이나 행동은 기록이 상세하게 남는 경우가 많다.

일연의 죽음과 장례에 관해서는 비문과 음기에 적혀 있다.
1289년(충렬왕 15) 6월 질병에 들었다. 7월 7일 손수 국왕에게
글을 썼다. 시자(侍者)에게 적게 하여 상국(相國) 염승익에게 보
내 입적을 알렸다. 여러 선노(禪老)와 문답을 해질 때까지 하였
다. 이날 밤 크기가 일척 둘레의 장성(長星)이 방장(方丈)에 떨어
졌다. 다음날 새벽 일어나 목욕하고 앉아 대중에게 '오늘 내
가 갈 것인데 중일(重日)이 아닌가'라 하였다. '아닙니다'라 하
니 '그러면 내가 그리할 것이다' 하고 승려로 하여금 법고(法鼓)
를 치게 하고 선법당(善法堂)[선사가 설법하는 강당]에 이르러 선상
(禪床)에 앉아 인보(印寶)를 봉인하고 장선별감(掌選別監) 김성고(金
成固)에게 명하여 다시 그것을 마치게 하였다. 그리고 '마침 천
사(天使)가 이르니 노승의 말후사(末後事)를 보는구나' 하였다.
이후 3명의 승이 나서서 질문하고 응답하였다. 선상에서 내려
와서 방장으로 돌아가 작은 선상에 앉아 말하고 웃는 것이 평
시와 같았다. 조금 있다가 손으로 금강인(金剛印)[지혜가 견고하기
를 금강과 같다는 것을 나타내는 손모양]을 맺고 조용히 시멸(示滅)하
였다. 오색 빛이 방장 뒤에 일어났다. 곧기가 깃대 같은데 그

끝에 빛나는 것이 불꽃이 일어나는 것 같았다. 위에는 흰 구름이 덮게 같이 있었는데 하늘을 향해 가버렸다. 가을 더위가 매우 심했다. 얼굴 모습은 살아 있는 듯 희고 사지는 밝고 윤택하였으며 굴신은 생생하였다. 멀리서와 가까이에서 보러 온 자가 담장같이 많았다.

정해(丁亥) 일에 화장하고 영골(靈骨)을 수습하여 선실(禪室) 가운데에 두었다. 문인(門人)이 글과 인보(印寶)를 국왕에게 가지고 가서 상주하였다. 왕께서 크게 슬퍼하고 판관후서사(判觀候署事) 영척(令倜)을 보내 식종지례(飾終之禮)[장례식]를 펴게 하였다. 안렴사(按廉使)에 명하여 상례를 감호(監護)하도록 하였다. 제서(制書)를 내려 보각(普覺)이라 시호하고 탑호를 정조(靜照)라 하였다. 10월 신유(辛酉)에 인각사 동쪽 언덕에 탑을 세웠다. 향년 84이고 승려 생활은 71년이었다.

비음기를 작성한 산립(山立)은 행장을 살펴보면서 괴이하다고 하여 비문에서 생략된 것을 보충하였다. 일연 스님이 임종 시 대중에게 말씀을 남기시고 숨을 거둔지 한참 만에 선원사 정공(禪源社 頂公)이 탑비 세울 곳을 여쭈지 못한 것을 깨닫고 대중과 함께 탄식하였는데 일연 스님께서 적정 중에 대중을 둘러보며 여기서 동남쪽 약 4, 5리쯤 지나 숲이 있는데 지형이 무덤 같은 곳이 있어 세우기 적합하다고 한 다음 다시 눈을 감았다.

운흥사 인공(雲興寺 印公)이 암자에 있을 때 꿈에 일연 스님과 대화를 전한다. 다비(茶毘)[화장]하려는 순간 다시 일어나고, 다비 후 다시 탑에 들어간 것에 대한 선문답이었다. 인공은 '꿈에서 깨어나서 다비한 다음 다시 돌아오고 탑을 세움에 곧 탑속에 들어간 것이 시원한 바람이 불고 흰 구름이 출몰하는 것과 같아 지인(至人)의 경지'라는 찬사를 지어 추모하였다. 산립 역시 꿈에서 옛 절에 일연 스님이 보련화(寶蓮花)로 꾸민 자리에 앉으셨다가 잠시 휴식하기 위해 내려와 느린 걸음으로 거니는 것처럼 보여 인흥사 선린(仁興社 禪麟) 스님과 함께 뒤를 따랐는데 선린 스님이 이르기를 '우리 스승은 이미 성과(聖果)[깨달음]를 증득(證得)한 까닭에 맨발로 다녀도 발바닥이 전혀 상하지 않았던 행적을 보았다'고 하였다. 산립은 이를 듣고 일연 스님의 깨달음의 경지를 의심하지 않았다.

부병(府兵)이라 칭한 신장(神將)이 국존을 맞이하여 위호(衛護)하며, 산령(山靈)이 단월[시주, 후원자]에게 고하여 식량을 준비하였다. 화장할 때 단정하게 앉아 있었으니 화염이 반대쪽으로 불었고, 임종할 때 금당(金幢)이 땅에 떨어졌다. 이는 성말변사(聖末邊事)이므로 모두 갖추어 쓰지 않는다고 하였다. 국존께서 삼세(三世)가 환몽(幻夢)과 같은 경지를 몸소 증득하셨고, 태어남과 죽음에 드는 것을 몽환(夢幻)과 같이 하였으며 자비(慈悲)로 중생을 교화하셨다. 때문에 승려와 신도들이 국존을 애모하고 귀부하는 까닭이라고 하였다.

이상의 일연의 시멸 장면과 장례 모습은 민지가 작성한 비양과 산립이 작성한 비음기의 내용에 나온다. 민지는 일연이 선법당에서 세 명의 승려와 선문답을 하고, 다비 후 영골을 수습하여 선실에 두고, 국사인(國師印)을 봉인하여 국왕에 알렸고 국왕은 관후서 판사와 안렴사를 보내 상사를 감호하고 시호와 탑호를 내리고 탑을 세우는 것으로 상사를 마무리한 것으로 기록하였다. 선승과 일연 스님의 선문답은 스님의 깨달음의 경지를 보여준다. 국왕의 공식적인 상사지원을 중심으로 적었다.

비음기의 일연 스님의 입적 장면은 입탑 장소를 적정(寂靜) [열반, 죽음] 중에 다시 일어나 일러 준 것과 운흥사 인공 자신의 꿈속에서 일연 스님의 경지를 보여주는 대화를 제시하여 승려와 세속신자의 귀부하는 까닭을 제시하였다. 국존을 따르고 가르침을 얻고 골수를 얻었거나 실무를 도운 제자와 가르침을 받은 경(卿)과 대부(大夫)를 열거하기 위한 것이다.

일연 시적 후 6, 7년 뒤인 1295년 8월에 비문이 세워졌다. 문인 운문사 주지 대선사 청분이 일연선사의 행적을 적어 국왕에 올렸고, 왕이 민지(閔漬)에게 글을 지을 것을 명하였다. 민지는 수년간 일연 스님의 지극한 덕을 서(序)와 명(銘)으로 지었다. 선임된 문한관이 문인이 작성한 행장을 바탕으로 글을 지었다. 민지는 원종시에 과거에 장원하였다. 문인 죽허(竹虛)가 국왕의 명을 받들어 진우장군 왕희지(王羲之)의 글씨를 모으고 문인 내원당 겸 주지 청분(靑玢)이 입석(立石)하였다.

비음기는 같은 해 같은 달 글을 쓰고 운문사 주지 산립이 지었다. 비의 파손으로 음기의 완전한 탁본은 전하지 않아 불완전한 복원이 이루어졌다. 글씨체는 왕희지의 글이므로 비의 앞면과 같다. 글의 찬자만 산립이라 명시되어 있다. 그런데 글의 부탁은 4달 전인 4월에 인각장노가 운문사를 지나치며 한 것이다. 비의 앞면은 국왕의 칙명으로 짓고, 집자하였다. 비의 음기는 인각사 장노가 문도와 단월의 명단을 작성하기 위한 서문을 산립에게 부탁한 것이다. 문도 차원의 작성이며 국왕의 명을 받드는 공적인 행위가 아니다. 문도와 단월이 후세에 전해지기를 바라면서 현재의 일연 문도의 결속과 영향력을 드러내려는 것이다. 비의 작성과 입비는 일연 상사 곧 '식종지예(飾終之禮)'의 마무리이다.

# 제2장 저술과 사상

일연의 생애는 행장과 비명에서 정리할 수 있는 것과 같이, 일연의 생각도 그의 저술을 바탕으로 살필 수밖에 없다. 저술은 문도에 의해 남겨질 수 있고 계승될 수 있다. 그래서 일연 제자들의 활동을 중심으로 일연 사상의 공감과 전파를 볼 수 있다. 이를 토대로 일연의 불교관과 지향했던 사회상을 이해한다. 마지막으로 일연의 사상사적 위상을 동시대 및 전후한 시기 고승과의 비교를 통해서 살핀다. 또한, 당대 및 후대의 일연에 대한 평가의 단면도 찾아본다.

## 1. 일연 사상 자료 : 저술과 저술태도

민지가 정리한 비문에는 일연의 저작과 편수 두 부분으로 나누어 제시하였다. 저작으로『화록(話錄)』2권,『게송잡저(偈頌雜著)』3권 등이며 편수로는『중편조동오위(重編曹洞五位)』2권,『조파도(祖派圖)』 2권, 『대장수지록(大藏須知錄)』 3권, 『제승법수(諸乘法數)』 7권, 『조정사원(祖庭事苑)』 30권, 『선문염송사원(禪門拈頌事苑)』 30권 등 100여 권이 세상에 유행한다고 하였다. 비문에 제시한 권수만 따져서 보면 모두 79권밖에 되지 않는다. 나머지 21권 정도는 비문에 보이지 않는다. 저술들 중에 『게송잡저』와 『대장수지록』, 『제승법수』를 제외하고는 모두 선종과 관련이 있다. 『조정사원』, 『선문염송사원』 각 30권인 것으로 보아 가장 많은 분량을 차지한다. 민지도 비문에서 일연의 사상을 선(禪) 중심으로 보고 어록과 선문답을 열거하고 기타 사상에 대해서도 그가 깊이 이해하였다고 하지만 구체적 사례를 말하지는 않았다.

편수류는 모두 일연이 남해 정림사에서 재조대장경 보판 작업시에 정리하였을 가능성이 크다. 일연의 서문에 따르면 『중편조동오위』는 1256년(고종 43) 여름에 윤산(輪山) 길상암(吉祥庵)에서 편수하였다. 정안이 죽고 난 뒤 정림사를 떠나 길상암에서 이 책의 편수에 몰두하였다. 특히 『선문염송사원』은 혜심이 정리하여 보판에 올려진 『선문염송집』에 나오는 숙어풀이 사전이 아닌가 한다. 『선문염송집』을 보지 않고는 『선문염송사원』이 성립될 수가 없기 때문이다. 『조정사원』은 송(宋) 목암(睦庵)의 저작이다. 『운문록』 중의 숙어를 풀이한 사전으로 일연이 목암의 『조정사원』을 좀 더 보완하였을 가능성이 크다. 일연이 목주(睦州) 진존숙(陳尊宿)을 사모하여 그의 호 목암을 자호(自號)하였다. 이로 보아 『조정사원』에 대한 편수는 오랜 작업으로 이루어진 것이다. 이들 모두는 선종 관련 전적이다. 재조대장경 정판(正板)을 개판하고 당시 현실적으로 각 종단이 필요한 전적들을 판각하는 사업 곧 보판(補板)이 진행될 때 일연은 선종의 이해를 심화하는데 필요한 여러 전적들을 간행하는 것에 몰두하였을 것으로 보인다. 초조대장경 개판시에도 정판과 교장(敎藏)으로 분리하여 당시 교단의 현실적 필요에 맞는 불적을 출판했던 것과 유사한 현상이다. 교장 사업을 주도한 의천이 제외한 균여의 저술과 선적(禪籍)을 재조대장경 보판에는 크게 보완하였다. 이 과정에서 일연은 각각 30권의 『조정사원』과 『선문염송사원』을 편수한 것으로 생각된다.

『대장수지록』과 『제승법수』 역시 재조대장경 개판 작업과 무관하지 않다. 『대장수지록』은 제목으로 보아 대장경을 읽을 때 반드시 알아야 할 사항을 정리한 것이다. 『제승법수』도 대장경의 여러 차원 곧 대승, 소승 등의 경전분류에 대한 기본적 이해를 높이기 위한 편수라 추측된다. 일연은 대장경을 두 번 읽고 제가(諸家)의 장소를 궁구하였다고 한다. 대장경을 읽는 과정에서 필요한 용어나 이해를 위한 요점 정리 등을 편람(便覽)의 형태로 정리하면서 편수된 것으로 추정된다.

일연의 저술과 편수에 들지는 않지만 간행후지(後誌)[간행후기]를 쓴 『인천보감(人天寶鑑)』이 있다. 1279년에 송상(宋商)을 통해 해동(海東)에 유행한 것을 조판하기 위해 필사를 선린에게 부탁 들여온 『인천보감』 유입 사정이 일연 사후 1290년에 해인사(海印寺) 사간판(寺刊板)으로 간행한 『인천보감』 후지와 발문에 전한다. 일연은 시적하기 직전까지 간행하기를 원했다. 이 책은 남송 선종 승려 담수(曇秀)가 1230년에 편찬한 것이다. 담수가 쓴 서문에 따르면 『인천보감』은 후세에 거울이 될 만한 내용을 선사상뿐만 아니라 경학과 율법 심지어 유학과 노자의 도까지도 포용하고 있다. 비명에 적혀 있는 일연의 사상경향과도 상통한다.

저작과 편수로 열거된 것들 중에서 현전하는 것은 『중편조동오위』 뿐이다. 이 책은 민영규 교수가 일본 도서관에서 발견하였다. 『중편조동오위』의 서문에 '회연서(晦然序)'라고 나온다. 내용을 편(編), 석(釋), 보(補) 등으로 나누고 담당한 문인 법

사진 31. 중편조동오위 서부분

명을 나열하는 가운데 '후학 회연 보(後學 晦然 補)'라 하였다. 『조동오위』를 중편하면서 서문을 쓰고 편집과 풀이를 편수하되 보충을 더하여 중편이라 한 것이다. 회연은 민지의 비명에도 나오지만 일연의 자(字)이다. 언제부터 일본에 유전된 것인지는 알 수 없지만, 일연의 저술로 알려지게 된 것은 그의 자가 회연

임을 알고 있던 민영규 교수의 혜안에 힘입었다. 1974년 연세대학교 인문과학연구소 학술지『인문과학』32집에서 간단히 발견한 경위와 함께 내용을 영인으로 소개하였다.

『조동오위』는 조동종에 관한 저술이다. 조동종은 고려초 수미산파의 개창조 이엄(利嚴)의 법맥으로 연결된 바 있고, 고려중기 용문사 중수기 음기에는 굴산파 조응(祖膺)의 사법제자로 수미산하에서 참여한 중대사 원정(元正), 중대사 담저(曇著), 중대사 도변(道辯), 입선 선혜(宣慧) 등 무려 네 명이 나온다. 굴산파의 수선사 3세 주법 몽여(夢如)도 조동종에 대한 관심이 높았고 가지산파의 일연과 함께 토론한 바도 있다. 조동종에 대해서는 수미산파, 굴산파, 그리고 가지산파에 이르기까지 여러 선파에서 두루 그 사상을 이해하고 탐구하였다.

일연 비명에는 언급되지 않았지만『삼국유사』는 일연의 현존 저술『중편조동오위』보다 그 분량이 많다.『삼국유사』의 저자가 일연임은 권5 첫 줄에 '국존조계종가지산하인각사주지원경충조대선사일연찬(國尊曹溪宗迦智山下麟角寺住持圓鏡冲照大禪師一然撰)'이라 한 데서 알 수 있다. 일연이 국존의 지위를 가지고 인각사에 머물 때의 직함임을 보여준다. '보각(普覺)'이라는 시호가 언급되지 않기 때문이다. 일연이라는 법명 역시 연대기 등에 견명(見明)이 사용되었고 비명에는 후에 일연으로 바꾸었다고 하였다. 인각사로 하산한 이후 스스로 바꾼 것이라 추측된다. 현재의『삼국유사』형태는 아닐 수도 있지만, 일연이 저

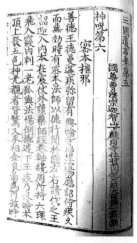

사진 32. 삼국유사 일연찬 부분

술한 시기는 국존에 임명된 1282년 3월 이후에서 입적한 1289년 8월 사이일 것이다.

『삼국유사』 권5 외에는 저자를 밝히는 곳이 없다. 현존하는 것 중 가장 오래된 조선 초기 본에도 권5 이외에는 보이지 않는다. 현존하는 조선 초 간본을 만들 때 다른 권수에서는 생략하고 권5에만 남긴 것일 수도 있다.

저술의 성격은 잡저(雜著)이다.

그렇다면 일연 비명에 보이는『계송잡저』3권에 해당될 수도 있다. 하지만『삼국유사』는 5권으로 구성되어 있어 그 범위를 넘어선다. 그런데 연표에 해당하는 왕력 부분과 왕조사에 해당하는 기이 2권을 제외한다면, 흥법, 탑상 등으로 구성된 권3과 의해로만 서술한 권4, 신주, 감통, 피은, 효선 등으로 구성된 권5 등 모두 3권이 된다. 이는 불교사에 해당될 수 있다. 기이 2권에는 찬시가 없으나 나머지 3권은 대부분 찬시가 붙어 있다. 따라서 왕력과 기이 2권 등을 제외하면『계송잡저』 3권과 같아진다. 계송이 짧은 깨달음을 시로 표현한 것이어서 찬시와 대응될 수 있는지는 알 수 없다. 기이와 그 서의 내용과 그 이하 흥법에서 효선에 이르기까지의 내용도 기이 서와 그 흐름을 같이 한다. 일연이 국존으로 책봉되고 법호를 받고 인각사에 주지할 때의 직함을 띤 채 저자임을 밝히고 있어서 적어도 권5 이하는 일연이 인각사에 하산한 만년에 저술한 것이라 짐작된다. 물론 개간(開刊) 즉 인쇄된 것은 일연 사후가 될 수는 있다.

사진 33.
전후소장사리 무극기

『삼국유사』 탑상 전후소장사리조 말미에 안설(案說)[자기견해]과 무극기(無極記), 그리고 「관동풍악발연수석기」에도 무극이 덧붙였다는 기록 등이 있다. 이를 근거로 무극을 『삼국유사』의 찬자 중의 한 사람으로 보는 견해도 있다. 하지만 일연이 주도적으로 찬술하고 제자들이 공동으로 도왔을 수도 있다. 무극은 일연의 행장을 짓고 일연 이후 가지산문을 이끈 고승으로서 제자를 대표하여 조심스럽게 견해를 달리하는 부

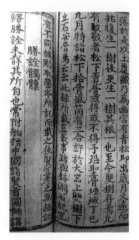

사진 34. 발연수석기 무극기

분을 추가하면서 남겼을 것이다. 무극은 일연 비명에 청분(淸玢)으로 알려진 인물이며 보감국사(寶鑑國師)로 책봉된 혼구(混丘)

이다. 몽산이 혼구와 교류는 1290년부터이므로 무극이라는 호를 사용한 것은 일연이 입적한 뒤이므로, 무극의 추기는 그 이후일 것이라는 견해가 있다.

『삼국유사』의 간행도 1290년 이후임이 확실하다. 1361년에 정리된 「경주사수호장행안서(慶州司首戶長行案序)」에는 신라시조 혁거세왕 조의 내용 일부에 『삼국유사』가 처음 인용되었다. 이는 이 시기보다 앞서 간행본이 있었다는 근거가 될 수 있다. 현존 『삼국유사』는 8권 2책의 분량이다. 서문과 첫머리가 훼손되고 나머지 끝의 3권도 일실(逸失)[잃어버림]되었을 가능성이 있다.

『삼국유사』는 단일한 책이 아니고 기왕의 사서에서 빠뜨린 삼국에 관한 자료를 취합한 유사라는 관점에서 왕력과 기이 그리고 흥법이하가 『삼국유사』란 하나의 이름하에 합책된 것일 가능성도 있다. 『삼국유사』는 '책들의 책'이라는 것이다. 위의 인용에서 제기된 『삼국유사』의 등장이 1361년을 하한으로 한다. 기이 서는 기이만의 서문일 것으로 해석되었다. 기이의 고조선조와 오가야조의 후주에 각기 백악궁(白岳宮), 『본조사략(本朝史略)』이 언급되었다. 백악궁은 공민왕대의 궁궐이고 『본조사략』은 이제현이 1357년 치사 후 편찬한 사략일 것으로 보아, 적어도 기이는 1360년 전후한 시기에 『삼국유사』로 편집되었을 가능성이 높아졌다.

일연의 현존 저술로서 『중편조동오위』는 1974년에 영인으로 알려지고 1980년대에 『한국불교전서』에 활자화되었다. 이에 비해 『삼국유사』는 이미 조선초에 간본이 있었다. 부분적으로 판본이 알려진 학산본, 법어사본, 니산본, 조종업본, 파른본 등이 알려지면서 그 사실이 인정되었다. 장본의 글자체와 전통적 판각법에 입각하여 보면 고려의 이미 있던 본의 번각(飜刻)이 아니고 새로 판각용 필사본을 마련하여 최초로 간행한 초각판의 성격과 특징을 나타내 주고 있다. 하지만 간본에 글자 사이 공백이 더러 남겨졌는데 처음으로 정서하여 판목에 붙여 새겼다면 생겨나기 어려운 것이 문맥을 갈라놓는 공백이다. 아직 조선초기 이전 간본의 발견 가능성도 있다. 널리 알려진 간본은 경주에서 조선 초기 간본을 중간한 조선 중종연간 임신본인데 전체 내용이 실려 있다. 최근 경상북도에서 조선초기 본을 중심으로 교감 목각판을 만들어 온라인상에 공개하였다.

1927년 최남선(崔南善)이 『계명(啓明)』 18호 별책으로 『삼국유사』를 근대 활자본으로 간행하였다. 계속 수정하여 1943년에 『신정삼국유사(新訂三國遺事)』로, 1954년에 『증보삼국유사(增補三國遺事)』를 간행하였다. 최남선은 일본에 유학하는 동안 당시 일본에서는 국학에 대한 관심이 높아 일본의 고전이 간행되는 현상을 목도하고 인쇄기를 사서 귀국하여 조선광문회를 설립하고 우리 고전을 활자화하여 보급하였다. 이러한 과정에서 『삼국유사』 활자본도 나오게 된다. 이보다 앞서 이마니시 류가

경성(京城)에서 임신본 계열의 안정복수택본을 구입하여 1921
년 경도제국대학에서 축소 영인하였고, 1928년 조선사학회(朝
鮮史學會)에서 활자본으로 간행하였다. 1973년과 1974년에 스에
마스 야스카즈가 주도하여 이마니시의 교정본을 복간하였다.

일연의 저술로는『화록』과『게송잡저』가 있고 나머지는 선
종과 교종 관련 편수이다. 대부분의 분량은 편수이다. 편수는
혼자만의 창의적 서술이 아니라 문도들의 도움으로 이루어졌
을 가능성이 크다. 현존하는 것의 발문에 따르면 균여나 지눌
의 저술은 강의록이 그 제자에 의해 저술로 개판된 것이다.
의천(義天)은 경(經)을 이해하기 위해 장소(章疏)로서 풀고 장소를
알기 위해 스승의 강의를 통해 이해한다는 말을 남겼다. 이러
한 전통은 가지산문의 일연에게도 전승되어왔을 것이다. 혜심
(慧諶)의 어록에는 그가 관청, 사원 등 여러 곳에 초청되어 개
당(開堂) 보설(普說)한 내용이 적혀 있다. 전해지지 않지만, 일
연의『화록』이 혜심의 어록과 유사했을 것이다.『게송잡저』는
창의적 저술이다. 강회(講會)[강의 모임]에서 이루어진 것이 문도
들에 의해 강의록으로 정리되었다가 저술로 다시 이루어졌을
가능성이 크다.『게송잡저』가 현존『삼국유사』중 권3~권5까
지 곧 불교사일 가능성이 있다. 그렇지 않다고 하여도 100여
권 중 21권 속에『삼국유사』가 포함될 수는 있다.

편수방법은 현존하는『중편조동오위』에서 알 수 있다. 서
문에서 중편 배경과 과정을 밝혔다. 조동종(曹洞宗)이 고려에

계승되지 못했던 점을 안타까워하고 있었는데 지겸(志謙)이 송본을 얻어 두 권으로 중간한『조동오위』를 얻게 되었다. 오류가 많아 이를 보충하려고 중편하였다. 본격 보완 작업은 윤산 길상암에 머물 때인 1256년이다. 간행하여 서문을 쓴 시기는 1260년이었다. 후학으로서 편과 석에 대한 보의 형태로 이루어졌다. 모두 18항목에서 나름의 견해를 밝혔다. 고증을 넘어 자신의 견해를 제시한 측면이 있는 3항목을 제외하고는 용어 해설, 단순편집, 단순설명, 교감, 전거를 들어 보완한 것이 대부분이다. 실증자료로서 검증하려는 태도를 보인다. 보충한 내용에서 전거로 든 전적 중에는『유마경』,『화엄경』,『능가경』,『기신론』,『광홍명집』등 교학에 관한 것이 있다.『임간록』,『조산록』,『방거사록』등은 선학 관련의 것이다.『속선전』은 도교 계통의 저술이다. 일연은 교학, 선학, 도교에 이르기까지 많은 전적을 섭렵한 박학한 지식으로『조동오위』의 오류를 바로 잡았다. 현재 남아 있지 않은『조정사원』과『선문염송사원』등은『조정사원』의 보충,『선문염송집』의 보충 혹은 보완의 형태로 이루어졌을 것이다.『조동오위』를 중편하는 방식과 다르지 않았을 것이다.

저술태도는 현존하는『삼국유사』를 통해 이해할 수밖에 없다.『삼국유사』를 저술한 배경과 의도는 알기 어렵다. 이러한 내용이 실려 있을 서(序)와 발문(跋文)이 없다. 다만 기이에 '서왈(敍曰)'을 두었다. '서왈'은 기이편의 서문일 수도 있고 내용

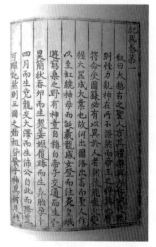

사진 35. 삼국유사 파른본 기이

상 『삼국유사』 9편 전체의 서문으로 볼 수도 있다. 서문에는 신이함을 괴이하게 여기지 않고 각별히 강조한다. 유교적 합리주의 입장에서 신이함을 배제하려는 것과는 다르다. 『삼국유사』라는 책명에서 짐작할 수 있듯이 『삼국사기』에서 배제되었던 자료들을 가능한 수습하려는 의도가 있다. 내용은 『삼국사기』의 내용과 거의 중복되지 않는다. 『삼국사기』에는 불교에 관한 내용을 별로 다루지 않고 있다. 특히 열전에서도 전혀 고승을 입전하지 않았다. 사상적 인물로 유학자로 분류될 수 있는 설총, 강수, 최치원 등은 입전하였지만 고승에 관한 내용은 찾을 수 없다.

『삼국유사』에 인용된 서목은 매우 다양하다. 『삼국사기』와 『해동고승전』 두 책이 가장 많이 인용된다. 인용 목적도 대부분 비판하기 위한 것이다. 왕력과 기이편은 『삼국사기』를 주요 표적으로 삼았다. 흥법 이하의 불교사를 다룬 부분은 두 책 모두를 같이 비판하였다.

흥법, 탑상, 의해, 신주, 감통, 피은, 효선 등 7편은 불교사에 해당한다. 독특한 것은 탑상과 효선편이다. 이는 일연의 독창적 편성이다. 이 외의 편목은 송의 『고승전』에도 보이는 편목이다. 흥법은 불교가 수용되는 과정에 대한 것이고, 탑상은 현존하는 불교유적에 대한 것이며, 의해부터 피은까지는 고승들의 교학적, 대외적, 대민적, 수행적 역할을 소개한 것이다. 효선은 출가의 사회적 의미를 부여하는 것이다.

사진 36. 삼국유사 효선편

서술형식은 서술상 여러 자료를 수집하고 종합하는 과정에서 보완될 내용은 협주(夾註)를 사용하고, 전체적 의문점 정리는 '의왈(議曰)'이라 하여 추기하고, 간단한 의견은 '안(案)'이라는 항목을 두고 있다. 각 편목의 항목에서 찬시를 붙였다. 이러한 방식은 『중편조동오위』에서 사용한 '보(補)' 보다는 훨씬 다양한 방법으로 적극적 의견을 더한 것이다. 『삼국유사』를 단순히 편수로 분류하기는 어려운 저술로 보게 한다.

이제 각 편 아래의 항에서 자료를 수집하고 정리하는 예를 탑상편을 통해 살펴본다. 탑상편은 모두 30조(항목)인데 여기에 보이는 사원은 도합 35개소이다. 그런데 탑상편에 가장 많이 등장하는 사명은 황룡사이다. 4개조에 걸쳐 가섭불연좌석,

장육상, 구층탑, 종 등의 성립 순으로 항목을 나누어 서술하였다. 다음으로 많이 등장한 사명은 분황사이다. 2개항에서 약사불, 천수대비상의 영험에 대해 엮어나갔다. 흥륜사도 보현보살 벽화와 미륵상을 제시하였다. 나머지 사원에 대해서는 한 건씩 언급하였다. 지역적으로는 왕경이 14 항목으로 거의 반을 차지한다. 명주가 5 항목, 강주가 2개, 나머지 평양, 상주, 공주, 김해, 창원, 울주 등으로 분포한다. 왕경사원의 영험 사례를 가장 많이 채록하였다.

근거 자료는 국사(國史), 고문서(古文書), 금석문(金石文), 현판(懸板), 승전(僧傳), 사중기(寺中記) 등 다양하다. 주로 승전과 사중기를 통해 영험사례를 제시하였다. 현재는 전혀 전해지지 않는 사중기는 일연이 활동하던 13세기에는 사원이 폐사되어도 그 사원의 역사기록은 상당히 남아 있거나 유포되었을 것이다.

영험내용을 살피면 탑의 경우 7 사례, 불상은 20, 종은 2 예를 들고 있다. 불상사례가 가장 많다. 불상은 불명을 알 수 없는 장육상 2 예, 관음보살 사례가 7, 보현보살은 1, 사방여래가 2, 약사여래도 2, 미륵상이 4, 미타상은 3 예 등이다. 탑 상편에서는 관음신앙의 영험을 가장 강조하고 있다. 중생사 관음보살, 백률사 대비상, 민장사 관음보살상, 분황사 천수관음, 낙산사의 관음상과 익령 발견 정취보살상 등을 제시하였다. 특히 왕경의 중생사, 백률사, 민장사, 분황사 등 4개 소사원의 영험을 중시한다. 탑, 상, 종 이외에도 오대산의 대성

상주, 백엄사의 호법신, 전후소장사리의 진신사리, 영취사 창건 연기설화인 매와 꿩에 대한 측은한 이야기 등도 있다.

탑상편 작성에는 일연이 직접 답사를 통해 실제로 보고 그 현장의 자료를 바탕으로 작성된 것이 많다. 금관성파사석탑, 남백월이성 노힐부득 달달박박, 어산불영 등은 김해를 중심으로 가야권역을 가보고 작성한 것이다. 낙산이대성 관음 정취 조신, 대산오만진신, 명주 오대산보질도태자전기, 대산월정사 오류성중 등은 동해안 오대산 방면 직접 답사 결과일 것이다. 일연이 1281년 신라의 왕도였던 동도[경주]를 직접 방문한 사실은 비명에도 나온다. 이때뿐만 아니라 여러 차례 방문한 듯하다. 가섭불연좌석, 황룡사장육, 황룡사구층탑, 황룡사종 분황사약사 봉덕사종, 영묘사장육, 생의사석미륵, 흥륜사벽화보현, 삼소관음 중생사, 백률사, 민장사, 미륵선화 미시랑 진자사, 분황사천수관음 맹아득안, 남월산 역명감산사, 천룡사 등은 경주의 유적을 탐방하고 그 사적을 정리한 것이다. 특히 황룡사지는 몽골침입으로 불타기 전에 방문한다. 탑과 장육, 전우가 모두 재난을 입었고 그 시점을 1238년 무술(戊戌) 겨울이라 분명히 밝혔다. 오직 작은 석가상만이 남았다는 참상을 적었다. 가섭불연좌조에 '석존이 계실 때로부터 지금 곧 지원(至元)18년 신사세(辛巳歲)'라 하여 비명에 언급된 시기 곧 일연이 충렬왕의 행재소에 이른 시기와 황룡사지 방문시기가 일치한다. 황룡사탑의 수리에 관한 것은 신라시기부터 고려시기에 걸쳐 자세한 기록을 남겼다. 『고려사』, 『고려사절요』 등의 기록과 같은 것이 많다.

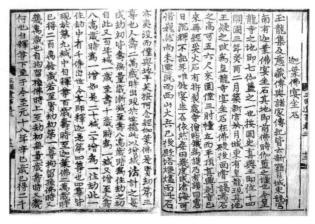

사진 37. 삼국유사 가섭불연좌석

　남월사조는 719년과 720년에 만들어진 미륵과 미타상 두 불상을 실제 찾아가 보고 각 불상의 광배에 새겨진 명문을 판독하여 소개하였다. 현재 국립중앙박물관에 전시되고 있는 감산사의 미륵, 아미타상이다. 각각의 불상 광배석에 명문이 있고 판독되는데 일연이 판독한 것과 상당한 부분이 일치한다. 천룡사조에서는 천룡사에 남겨진 최제안의 신서를 보고 축약하여 소개한다. 그 시기에 대해 '안'에서 '정종(靖宗) 칠년(七年) 경진세(庚辰歲)'라 하였다. 『고려사』의 유년 칭원과는 달리 즉위년 칭원법을 사용한 것이 확인되어 고려시기 일연의 기록임을 알 수 있다. 전후소장사리조에는 궁중의 일기인『자문일기 (紫門日記)』를 참조하였고, 그리고『고려실록』또한 살펴보고 기록한 듯한 내용이 있다. 이처럼 현장 답사와 거기서 얻은 금석문, 고문서, 일기자료 등을 구사하여 항목을 구성하고 협 주와 안, 의(議)를 통해 고증하려는 자세를 가졌다.

왕력을 제외하고 기이편부터 효선편에 이르기까지는 많은 인용자료를 제시하고 고증하면서도 향전, 향언 등에 전하는 내용까지도 이미 구성된 이야기를 잘 활용하여 각 편의 항목 을 꾸며나간다. 구전으로 전하는 이야기 곧 설화방식으로 서 술하였다. 기이편에는 건국신화나 불교설화가 아닌 내용도 많 지만 흥법이하 효선편에 이르는 편에는 거의 불교설화로 구성 하였다. 불교설화에는 민중교화의 방편으로 흥미 있는 이야기 를 통해 불교에 귀의하게 하려는 목적이 있다. 삶의 시련과 결단을 불교와 관련시켜서 다루는 의미 또한 있다.

『삼국유사』는 일연과 그의 제자 등이 참여하여 만든 것이 므로 승려의 저술이다. 불교설화를 중심으로 한 구성체제를 바탕으로 한다. 불교설화의 구성체제는 불경의 구성에 많이 쓰인다. 불경의 일반적 구성은 서분, 정종분, 유통분 등으로 이루어진다. 내용부분인 정종분은 많은 설화위주로 이어간다. 설화는 인도사회의 전래된 이야기를 경의 취지에 맞도록 소개 한 것이다. 석존께서는 그 사람의 그릇과 상황에 맞게 진리를 말한다는 수기설법(隨器說法)을 적용하여 많은 설화를 인용하였다. 일연은 불경을 읽으면서 얻은 설화의 구성방법과 교화방법을 『삼국유사』의 여러 편목과 항목 구성에 적용하였다. 비명에서 일연은 대장경을 두 번 읽었다는 것이나 남해분사도감에서 정안을 도와 재조대장경을 편집하고 운해사(雲海寺)에서 대장낙성회를 주맹한 사실을 참조하면, 일연은 대장경을 통독하고 그에 해박하였음을 짐작할 수 있다.

일연이 구사한 불교설화는 고대사회에서 전승된 것을 불교적으로 변용한 것이다. 고려후기 고승의 눈으로 재구성한 것이다. 또는 불경에 전해 온 것을 적용하여 성립된 것도 있는 등 여러 경로가 있었을 것이다. 고려에서 불교설화를 수록한 문헌으로 『보한집』, 「금강산유점사사적기」, 「보개산석대기」, 『해동전홍록』, 『수이전』 등이 전하고 중국의 『고승전』 등도 알려져 있었다. 『삼국유사』 어산불영조는 『관불삼매해경』의 구성과 비슷한 면이 있다. 의해편 원광서학에는 '또 동경의 안일호장[퇴직 호장] 정효(貞孝)의 집에 있는 고본수이전(古本殊異傳)에 원광법사전이 실려 있다'라 한다. 일연이 원광서학조를 구성할 때 『수이전』을 참조하였다. 안일호장 정효는 1361년 경주사(慶州司)[경주 호장층이 집무하는 고을 관청]를 구성하여 「경주사수호장행안서(慶州司首戶長行案序)」를 작성한 호장 김학(金學)의 증조부이다. 「경주사수호장행안」에 실려 있다. 1281년 일연이 경주를 방문할 시기에는 정효가 안일호장으로 퇴직한 때였다.

의해편의 여러 항목 가운데 자장정율의 문수보살, 진표전

간의 지장보살과 미륵보살 등에서는 보살화현(菩薩化現)을 강조
하였다. 이혜동진과 원효불기 등에서는 불교의 대중화를 중시
하였다. 승전촉루에서는 화엄경을, 현유가해화엄에서는 유식
과 화엄경 등을 우선시하는 교학불교를 환기하였다. 신주편
밀본최사, 혜통항룡, 명랑신인조에서는 치병(治病)[질병을 다스림]
과 양병(禳兵)[병난을 물리침], 그리고 문두루비법과 금광명경의
주술 영험을 말하였다. 감통편 욱면비염불서승에서는 지방의
한 여자종이 염불을 낭송하여 살아 있는 몸으로 서방극락으로
왕생(往生)하는 설화를 제시하여 아미타신앙의 민중화를 예시
하였다. 선율환생에서는 반야경의 영험을, 정수사구빙녀에서
는 민중에 끼친 자비를 보여준다. 피은편 낭지승운보현수에서
는 법화경과 보현보살을, 염불사조에서는 아미타 염불 신앙을
이름 없는 승려의 덕행으로 기렸다. 효선편 대성효이세부모조
에서는 효순과 윤회전생, 보시공덕 등을 의미화하였다.

일연은 13세기 고려의 피폐한 현실을 극복하기 위하여 민
의 결속과 안정을 강조한다는 의미를 불교설화를 가지고 부각
시키고자 하였다. 『삼국유사』의 불교관련 편목은 그의 이와
같은 의도를 반영한 소산이다. 다수의 민에 접근하기 위해 불
교설화를 구성하였다. 문도들이 나서서 각종 강회와 법회를
함으로써 호장층과 나아가 민들에게도 자신의 뜻이 퍼져 나가
기를 바랐을 것이다.

## 2. 사상의 전수자 : 문도와 단월

일연의 생각을 저술과 편수로 정리하거나 간행하고 공감하여 전파하는 데는 문도와 단월[세속 후원자]의 지원이 필요하다. 이러한 측면에서 문도와 세속단월의 형성과 성격을 정리하고자 한다. 기록은 일연비 음기에 보이는 부법제덕과 집사제자 등 문도와 수법유경대부 1품에서 4품으로 구분한 세속 후원자들이다. 음기는 여러 탁본에서 추정 복원한 것이므로 당시 문도와 단월의 완벽한 명단이라 할 수는 없다. 하지만 현재 복원된 음기에서 대략의 규모와 성격은 파악될 수 있다. 비의 앞면과 같이 1295년에 작성된 것이다. 이 시기의 문도 현황이다.

문도는 대선사(大禪師) 17, 선사(禪師) 24, 수좌(首座) 2, 산림(山林) 40, 삼중(三重) 22, 대선(大選) 14, 입선(入選) 14, 참학(參學) 30으로 모두 163명의 승명이 보인다. 비음기의 문도조가 완전히 복원되지 않았기 때문에 그 인원을 정확히 알 수는 없다. 보감국사비에는 일연의 문도 수를 '기도수백천인(其徒數百千人)'이라 표현한 바 있다. 수백에서 수천에 이른다는 표현이다. 일연비 음기에 기재된 문도는 일연의 많은 문도 중 일부에 해당된다. 산림은 승계를 받지 않았으나 도력을 인정받은 승려일 가능성이 있다. 삼중은 삼중대사의 승계일 것이다. 대선, 입선, 참학은 구산문도회의 참여로 얻어진 직명으로 짐작된다. 담선회처럼 시관에 의해 참학에서 뽑힌 순서를 말하는 것이다.

문도는 부법제덕(副法諸德)과 집사제자(執事弟子)로 크게 나누어 진다. 비음기에는 이에 따라 분류하여 정리하지 않은 것으로 보인다. 부법제덕은 다른 앞선 고 승비 음기에 보이는 사법제자 곧 법맥을 잇는 제자로 볼 수 있다. 일연행장을 정리하여 국왕에 올린 청분(淸玢)은 일연의 수제자로 볼 수 있다. 그는 1290년대에 무극이라는 자호로 일연의 『삼국유사』 저술에 추가기록을 남겼다. 혼구는 고려후 기 불교사상계를 주도한 구산문도 회를 인각사에서 개최한 일연(一然) 의 제자였다. 혼구의 비문에는 그 관계를 '줄탁(啐啄)'[스승과 제자가 서로 잘 호응하는 것]으로 표현하였다. 혼 구가 하산한 송림사는 일연과 혼 구의 종풍이 그 문도에 의해 지속 된 사원이 되었다.

사진 38.
복원일연비음기 문도 대선사

혼구의 비문에 따르면 속성은 김씨(金氏)이고 자는 구을(丘乙), 구 명은 청분(淸玢)이다. 『삼국유사』에 무극(無極)이 쓴 글이 있는데, 무극

사진 39.
대동금석서 보감국사비부분

또한 혼구의 다른 이름이다. 아버지는 증첨의평리(贈僉議平理) 홍부(弘富)이며 청풍군(淸風郡) 사람이다. 어머니는 황려(黃麗) 민씨(閔氏)이다. 친척들이 어릴 때 그의 용모와 행동과 성격을 보고 작은 아미타불이라고 하였다. 열 살 때 무위사(無爲寺) 천경선사(天鏡禪師)에 나아가 머리를 깎고 구산승과(九山僧科) 상상과에 급제하였다. 보각국존에 나아가 배움을 받들되 스스로 다짐하기를 심오한 데를 보지 않고서는 그만두지 않기로 했다. 보각국존의 자리를 이어 개당하였다. 충렬왕은 가리법복(伽梨法服)을 내리고 대선사를 더하였다. 충선왕대에 양가도승통(兩街都僧統)을 제수하고 대사자왕법보장해국일(大師子王法寶藏海國一)이라는 호를 내렸다.

1313년(충선왕 5)에 충렬왕이 왕위를 물려 주고 영안궁에 거처할 때, 맞아다 조용히 도를 담론하였다. 충선왕과 의론하여 왕사로 책명하였다. 두 대의 임금이 함께 제자가 된 것으로 전례가 없던 일이다. 국사가 물러나기를 청하므로 윤허하고 영원사(塋原寺)에 머물게 하였다. 이 절은 본래 선원(禪院)이던 것이 원정(元貞) 무렵(1295~1296) 지자종(智者宗)이 소유하였다가 국사 때문에 비로소 전대로 복구하였다. 1322년(충숙왕 9) 10월에 감기를 앓게 되자 송림사로 옮겨갔다. 유서를 써서 봉인하여 시자에게 주고 30일 째 목욕하고 설법하여 제자들과 고별하였다. 이상 비문에 적힌 행적을 보면, 그는 최후로 종언할 장소를 송림사로 지정하였다. 비문에 적힌 바와 같이 혼구는 영원사가 천태종과 소속분쟁이 있던 것을 가지산문의 사원으로 되돌렸다. 사원소속에 대해 민감한 시기에 송림사에 하산한 것으로 보아, 이 사원은 가지산파에서의 위상과 중요성을 지녔다. 대개 종언한 사원에 탑비가 세워져 추모되는 것이 상례인데, 혼구의 비문은 천태종과 분쟁이 있던 영원사에 세워졌다. 혼구가 속한 종단이 천태종과의 소속분쟁을 종식하려는 강한 의지가 있었다. 송림사는 혼구가 종언한 곳으로서 제자들에 의해 종풍이 계속되는 사원이 되었다.

혼구의 사상적 성격은 비문에서 찾아서 본다. 혼구는 침착하고 중후하여 말이 적었고, 여러 학문을 섭렵하지 않은 것이 없었다. 시문을 지은 것이 많았는데 『어록(語錄)』 2권, 『가송잡저(歌頌雜著)』 2권, 『신편수륙의문(新編水陸儀文)』 2권, 『중편염송사원(重編拈頌事苑)』 30권을 남겨 총림에 전파되었다. 중국의 몽산(蒙山) 선사가 일찍이 무극설(無極說)을 지어 선박편에 부쳐 왔다. 혼구가 묵묵히 그 의미를 터득하여 스스로 호를 무극노인(無極老人)이라 하였다. 위의 저술은 모두 전하지 않는다. 다만 『중편염송사원』은 일연의 『선문염송사원』 30권을 다시 엮은 것은 아닌가 한다. 혼구는 비문에서 일연의 제자임을 강조하고 있다. 또한 몽산의 무극설을 깊이 이해하고 무극노인으로 자호한 것도 일연의 사상적 경향을 계승한 것이다. 일연의 저술 『삼국유사』 전후소장사리조와 발연수석기조 말미에 무극이 쓴다고 하여 『삼국유사』의 정리에 무극 곧 혼구가 참여한다.

혼구의 비명은 "심종(心宗)[선종]이 바다를 건너 동으로 와 아홉 종파 중에 도의(道義) 스님이 제일인데, 끊임없이 이어받아 철인이 났도다. 바른길 지키고 잘못을 고치기로는 운문사(雲門寺)의 학일(學一)이며, 널리 배우고 돈독히 행한 이는 인각사(麟角寺)의 견명(見明)이다. 현윤한 감지(鑑智) 스님은 그 적통을 받았도다."라 하여 가지산파의 흐름을 정리하였다. 감지스님은, 혼구가 왕사로 책명될 때 '오불심종해행원만감지왕사(悟佛心宗解行圓滿鑑智王師)'라는 왕사호를 받았으므로, 혼구를 말한다. 도의가 개조(開祖)가 되고, 학일이 의천의 천태종 개립으로 선종의 대다수가 흡수되는 위기를 넘겼다. 일연 스님이 널리 배우고 실천하였고, 그 적통을 혼구가 이었다는 것으로 풀이된다. 혼구는 일연의 추모사업을 주도하였다.

혼구는 옛 이름을 청분이라 하고 1290년 이후는 무극을 사용한다. 그런데 비음기의 서문을 쓴 산립을 혼구와 같은 인물로 추정하는 견해가 있다. 그 근거는 통오진정대선사라는 법호가 청분과 같다는 점이다. 거기에서 파생되는 문제는 비음기에 산립은 일연이 생존했을 때 문도에 참여하지 못했다고 명시하였다는 것이다. 혼구가 일연과는 사상적으로 달랐고 이제현이 혼구의 비명을 작성할 때 혼구 제자들이 쓴 행장을 통해 일연의 적통제자로 만들었을 수도 있다. 하지만 산립은 현존 비음기 문인조 어디에도 보이지 않고 있으며 인각사의 청분과는 달리 운문사주지라는 직함을 지니므로 혼구와 동일인으로 보기는 어렵다.

선린은 비음기 문인으로 대선사로서 인흥사 소속이었다. 인흥사는 일연이 수리하여 충렬왕으로부터 사액을 받은 사원이었다. 그는 해인사 사간판으로 발견된 전적에서 일연이 간행하기를 원한 『인천보감』의 판하본(板下本)을 필사하고 간행한 승려이다. 1275년 2월 산인 선린이 『법화경보문품』을 필사한다는 후지가 있다. 선린은 일연이 인흥사에 주석할 때부터 일연이 주도한 여러 불적의 간행에 참여한 인물로 보여진다.

비음기 문도조에 산립이 쓴 글에 보이는 '선원정공(禪源頂公)', '운흥인공(雲興印公)' 등은 일연의 이적에 관한 선문답을 꿈을 빌려 나눈 문인으로 생각되지만, 현재 남은 비음기 문도명단에는 언급이 없다. 이로 보면 현존 비음기 문도조가 완전하지는 않다.

문도의 인명 거의 대부분은 다른 문헌이나 비문에서는 알수가 없다. 따라서 모든 문도의 성격을 파악하는 것은 불가능하다. 하지만 고급승계를 가진 문도 즉 대선사, 선사, 수좌의 경우 소속사원을 명시하고 있어 이들의 소속종파를 정리할 수 있고, 문도가 어떠한 소속종파에서 합류했는가도 파악할 수 있다.

비음기의 문도 중 대선사인 인각사 청분(淸玢)은 비양의 기록에 따르면 일연의 행장을 엮어 비의 작성과 건립을 주도한 인물이다. 행장을 엮어 주청할 때는 운문사 주지였고, 비를 세울 때는 내원당에 있었다. 비음기를 지을 때는 보경사 주지였으며 비음기에 새겨질 때는 인각사에 있었다. 비문의 왕희지 글자를 집자한 죽허(竹虛)는 산림으로 기록되었다. 나머지 많은 승명은 소속사원을 통해 종파나 산파를 추측할 수 있다.

먼저 대선사 문도의 소속사원은 영각사(靈覺寺), 보경사(寶鏡寺), 가지사(迦智寺), 마곡사(麻谷社), 법흥사(法興寺), 인흥사(仁興社), 운흥사(雲興社), 주륵사(朱勒寺), 용암사(龍巖寺), 화장사(花藏社), 무위사(無爲寺), 보제사(普濟寺), 해룡왕(海龍王), 천룡사(天龍社), 인각사(麟角寺), 성주사(聖住寺) 등이다. 그리고 선사 문도의 소속사원은 견암사(見岩社), 도원사(桃源社), 등억사(登億寺), 조암사(祖岩社), 묘덕사(妙德寺), 재악사(載岳社), 월성사(月星寺), 향산사(香山寺), 용화사(龍華寺), 오어사(吾魚社), 도봉사(道峯寺), 중령사(中嶺寺), 사자원(師子院), 심산사(深山寺), 경암사(瓊岩寺), 형암사(兄岩寺), 청원사(淸源寺), 영원사(瑩原寺), 보문사(普門社), 거조사(居祖社), 인각사(麟角寺), 지론사(智論寺), 운주사(雲住寺), 불일사(佛日社) 등이다. 수좌 문도의 소속 사원은 홍화사(弘化寺), 법연사(法緣寺) 등이다. 복원 비음기의 바탕이 된 여러 탁본 중에 여증구 본에는 현안(玄安)이 속한 백운사(白雲寺), 선연(禪演)이 속한 불영사(佛迎寺), 법류사(法流寺) 등 3사가 보인다. 이 사원들은 대선사, 선사, 수좌질에 나온 문도의 소속사명과는 다르다. 문도질에 포함된 사원일 것이다. 이들 사명도 그 소속을 파악하면 문도의 신원은 알 수 없어도 소속종파는 짐작할 수 있다.

수좌 문도가 일연 비음기에 명시된 것은 이례적이다. 하지만 이미 혜심의 비음기에도 수좌가 대선사, 선사와 함께 보인다. 문도는 사법제자 외 집사제자의 경우 종파 소속을 초월하여 나타나고 있다. 이러한 선례는 100여 년전 굴산파 조응의 문도에 화엄승 영충(永忠)이 문도로 기록되어 있다.

대선사 문도의 소속사원을 차례로 분석한다. 영각사(靈覺寺)는 참고할 문헌이 없어 굉훈(宏訓)은 소속을 알 수가 없다. 보경사(寶鏡寺)는 원진국사 승형(承逈)이 주지에 임명된 적이 있던 절로서 곧 희양산파에 속한다. 비의 건립을 추진한 청분이 이 사원에 주지한 적이 있어 가지산문에 흡수된 것이 아닌가 한다. 당시 그 사원에 소속되어 있던 대선사 신가(神可)가 일연의 문도가 되었다. 가지사(迦智寺)는 1105년(숙종 10) 학일이 삼중대사로서 주석한 바 있어 가지산문 사원이 분명하다. 따라서 혜림(慧林)은 원래 가지산문이었다. 마곡사(麻谷寺)는 사굴산 복구(復丘)의 문도가 주지한 사원으로 나타나 있어 수예(守倪)는 굴산문에서 가지산문 일연의 문도가 되었다. 법흥사(法興寺)는 참고할 문헌이 없어 한운(旱雲)은 소속을 알 수 없다. 인홍사(仁興社)는 일연이 직접 중건하고 사액을 받은 사원으로서 가지산문임이 확실하다. 따라서 선린(禪麟)은 가지산문 소속이었다.『인천보감』발문에 따르면 선린은 일연이 조판을 위한 사경을 부탁하였으나 사양한 적이 있었다. 국사가 시적하자 추념하여 1290년에 서사(書寫)하였다. 그는 가지산문 소속임에 틀림없다.

운흥사(雲興社)는 사굴산파 만항(萬恒)이 주지한 곳으로 굴산 계열일 것이다. 통우(洞愚)는 사굴산파 소속일 가능성이 크다.

주륵사(朱勒寺)는 선산 냉산(冷山)에 있는데 안진(安震)이 찬한 혜각비(慧覺碑)가 있었다. 『화엄경관음지식품』 인원(忍源)의 후지에 따르면, 화엄종 보응대사(普應大師) 인원이 7~8세의 어릴 때 스승이 혜각국존(慧覺國尊)이었고 그는 곧 세상을 떠났다. 인원은 체원(體元)의 가형(家兄)이다. 체원은 1280년대 초반에 출생한 것으로 추정되므로 혜각은 1290년대 초반에 사거한 인물이다. 1289년(충렬왕 15) 일연이 적멸한 이후 1292년(충렬왕 18)에 책봉된 국존은 유가종 혜영(惠永)이다. 비문을 찬한 안진은 이곡, 안축, 이인복과 더불어 민지가 찬한 『편년강목』을 증수하고 충렬왕, 충선왕, 충숙왕의 3조 실록을 수찬한 인물이다. 1313년(충선왕 5)에 과거에 급제하고 1318년(충숙왕 5)에 원(元) 제과(制科)에 합격한다. 혜각비문을 찬한 시기는 적어도 1313년 이후이다. 따라서 혜각국존은 추증된 화엄종승이다. 비명이 작성되고 주륵사에 세워진 시기는 1320년대로 짐작된다. 주륵사는 화엄종 소속으로 짐작되나 일연 당시는 가지산문 소속이었다. 혜각비문이 세워질 무렵 다시 화엄종 사원으로 되돌려졌을 가능성이 있다. 영이(永怡)는 승계가 대선사이므로 주륵사가 소속이 바뀌어 가지산문으로 들어갔을 것이다.

용암사(龍巖寺)는 상주 만악산과 진주 등 두 곳에 각각 있었다. 상주 만악산 용암사는 화엄종 사원이므로 비음기 용암사는 진주의 천태종 정오(丁午)가 하산한 곳으로 천태종 소속일 것이다. 따라서 연여(淵如)는 천태종 소속일 가능성이 있다. 화장사(花藏社)는 1115년(예종 10)에 천태종 교웅(教雄)이 주지한다. 신종대에 천태종으로 추정되는 지겸(志謙)도 하산소로 삼았다. 그러므로 육장(六藏)은 천태종 소속일 가능성이 있다. 무위사(無爲寺)는 형미(逈微)가 머문 바 있다. 일연의 문도인 청분이 출가한 사찰로 가지산문이 분명하므로 수정(守精)은 그러하였다. 보제사는 개경에 소재하며 격년 담선회 주관사원으로 선종의 중심사원이었다. 하지만 이때는 개경의 중심사원 지위를 잃고 인각사가 중심사원이 되었다. 따라서 법류(法流)는 그 산파를 단정하기 어렵다. 해룡왕(海龍王)은 현재 경기도 포천 해룡산에 있는 사원으로 생각된다. 신라말 보요선사(普耀禪師)가 개산한 해룡왕사(海龍王寺)가 아닌가 한다. 해룡왕사 경분(勁芬)은 해룡산문에서 일연 문도에 흡수된 것이 아닐까. 천룡사(天龍社)는 경주 최제안의 원당이다. 그 소속은 미상이므로 곡지(谷之)의 소속도 알 수 없다. 성주사(聖住寺)는 성주산파의 본거였으므로 혜여(惠如)는 성주산파에서 가지산파의 일연 문도가 된 예이다.

선사 문도의 원래 소속을 알아본다. 견암사(見嚴社), 도원사(桃源社), 등억사(登億寺), 조암사(祖嵓社), 재악사(載岳社), 묘덕사(妙德寺), 형암사(兄巖寺), 사자원(師子院), 심산사(深山寺) 등은 그 소속도 알 수가 없다. 소속승인 각영(覺靈), 자일(慈一), 대인(大因), 지순(之純), 선연(禪演), 선염(禪燄), 자인(慈忍), 지우(志于), 충연(冲

淵) 등의 소속은 알 수 없다. 안남(安南)[富平] 경암사(瓊嵓寺)는 1126년(인종 4)에 가지산문의 학일이 운문사와 겸하여 주지함에 가지산문 사원이므로 수연(守淵)은 그 산문 소속이다. 청원사(淸源寺)는 양성(陽城)[安城] 천덕산(天德山)과 창평(昌平) 두 곳에 각기 있어 어느 것인지 알 수 없다. 양성 천덕산 청원사는 천태종 소속 최유청(崔惟淸)의 4자가 머문 것으로 보아 천태종 소속이다. 창평의 청원사는 지눌이 승과급제 후 머문 사원이므로 굴산파 소속일 가능성이 있다. 어느 사원이든 그 중 하나에 소속된 인응(仁應)은 천태종 혹은 굴산문 승려일 것이다. 그리고 영원사(瑩原寺)는 보감국사 혼구가 하산소로 하면서 본래 선원인 본사를 원정중(元貞中)(1295~1296)에 천태종이 된 것을 선종으로 되돌렸다. 일연비음기가 작성된 시기가 원정중과 거의 일치하므로 가지산문 소속이었을 가능성이 있다. 따라서 신구(信丘)는 가지산문 소속일 개연성이 크다. 보문사가 지눌이 머문 예천의 보문사(普門社)라면 회희(灰喜)는 굴산문 승려이다. 거조사(居祖社)는 공산에 있는 사원으로 사굴산파의 지눌이 1190년 이곳에서 정혜결사문을 발표한다. 따라서 거조사 천과(天果)도 원래는 굴산파에 속했다. 월성사(月星寺), 용화사(龍華寺), 향산사(香山寺)는 소속을 짐작할 근거가 없다. 물론 입기(立其), 여환(呂桓), 천이(天怡)의 소속 종파도 확정할 수 없다. 오어사(吾魚社)는 1264년 일연이 머문 바 있으나 그 이전 1216년의 오어사 동종 명문에는 유가종 사원 동화사(桐華寺) 도감에서 제작된

종을 이 절에 걸어 둔 것으로 나와 있어 유가종 소속이었을 것이다. 일연이 머물 당시에는 가지산문 사원으로 바뀐 것이다. 오어사 계잠(戒岑)은 가지산문 승일 가능성이 크다. 도봉사(道峰寺)는 원래 도봉원으로 오늘날 서울 북방의 사원인 것으로 생각된다. 그곳은 광종시에 부동사원으로 지정된 삼대사원의 하나다. 혜거국사(慧炬國師)가 주석하던 사원이고 법안종 계통의 사자산문 선종사원이었다. 고려중기 천태종이 성립되면서 천태종에 소속되었을 가능성이 크다. 천태종승으로 추정되는 지겸(志謙)이 도봉사에 머문 적이 있다. 따라서 도봉사 수침(守琛)은 천태종에서 일연 문도로 들어왔을 것이다. 중령사, 지론사, 운주사의 소속은 확인할 자료가 없다. 서오(庶吾), 현안(玄安), 청원(淸遠) 등의 소속 또한 알 수 없다. 불일사는 일연이 포산에 있는 용천사를 고쳐 불일사로 개명한 곳이기 때문에 가지산문에 속한다. 영숙(英淑)은 가지산문 승일 것이다.

수좌 문도는 원래 소속종파가 무엇인지 추론하기로 한다. 홍화사(弘化寺)는 1115년(예종 10)에 『홍찬법화전(弘贊法華傳)』을 교감·간행한 덕연(德緣)이 주지한 사원이다. 덕연은 1117년(예종 12)에 왕사에 임명됨과 동시에 현화사의 주지를 맡은 유가종 승이다. 따라서 선인(宣印)은 원래 유가종 승일 것이다. 법연사(法緣寺)는 소속을 짐작할 근거가 없어 인서(印西)는 소속종파를 알 수 없다.

음기에 나타난 문도 중 가지산문에 소속된 승려는 대선사로서 가지사 혜림, 무위사 수정, 보경사 신가, 선사로서는 경암사 수연, 불일사 영숙, 영원사 신구, 그리고 오어사 계잠 등이다. 사굴산문 소속은 대선사로서는 마곡사 수예, 운흥사 통우 등이고, 선사로서는 보문사 회희, 거조사 천과 등이었다. 성주산문 소속은 대선사로 성주사 혜여가 보인다. 그리고 대선사인 해룡왕사 경분은 해룡산문 승일 것이다. 용암사 연여, 화장사 육장, 도봉사 수침 등은 천태종 소속승으로 추정된다. 홍화사 선인은 유가종 소속일 것이다.

위에서 확인된 소속만 보면 일연이 속한 가지산문 7인 외의 굴산문 4인, 성주산문 1인, 해룡산문 1인, 그리고 천태종 3인, 유가종 1인 등의 소속승이 문도로 나타난다. 이러한 성격의 문도가 기재된 데는 일연 사상의 폭넓은 특징 때문일 것이다.

일연의 비슬산 활동에서 크게 주목되는 것은 불일사결사이다. 1270년대 중반쯤 절을 수리하여 인흥사로 하고 용천사를 정비하여 불일사로 개명하였다. 모두 결사를 표방하여 사명을 정한 것이다. 불일사에서는 결사문을 작성하였던 사실이 밝혀진다. 신사년 여름 왕이 동정(東征)할 때 동도(東都)[경주]로 행차하여 스님께 부행(副行)하기를 청한다. 머무는 가운데 법문을 듣고, 크게 존경심을 일으켜 불일결사문에 서명하여 입사(入社)하였다. 일연은 용천사를 개명하여 불일사로 그냥 고친 것이 아니라 불일결사문을 작성하여 사상적 지향운동을 표방한 것이다. 1281년(충렬왕 7) 왕이 동정군을 전송하러 경주에 행차하였을 때 일연이 수행하기를 초청받아 법문하였다. 법문내용이 바로 불일결사를 지향한 것이다. 법문에 감동한 충렬왕이 '불일결사문'에 친히 서명하여 입사한다. 일연은 2차 비슬산 주석기 1268년(원종 9) 불일결사 운동을 시작하고 1281년(충렬왕 7) 충렬왕으로부터 추인을 얻었을 뿐만 아니라 입사까지 받았다.

비문을 작성한 민지는 불일결사문을 소개하지 않아 구체적 내용은 전혀 알 수 없다. 불일사는 학승만이 아니라 세속의 여러 계층에서도 참여할 수 있는 개방된 불교 대중화 운동이다. 산립(山立)이 쓴 일연비음기에 부법제덕(副法諸德), 집사제자(執事弟子)와 함께 일품에서 4품 이하까지 수법유경사대부(受法乳卿士大夫) 39명의 명단이 나온다. 충렬왕을 따라 경주까지 온 수행자와 중앙관인을 포함하여 불일결사에 입사한 자들이 들어있다. 1품 4명, 2품 17명, 3품 9명, 4품이하 9명 등이다.

이장용(李藏用), 원부(元傅), 송송례(宋松禮), 박송비(朴松庇), 김주정(金周鼎), 장일(張鎰), 주열(朱悅), 박지량(朴之亮), 나유(羅裕) 등은 그 생몰연대로 보아 비음기에 명단을 올릴 때에는 이미 사거하였다. 일연이 최씨정권이 몰락한 이후 선월사로 나아간 1259년 무렵을 전후한 시기에 후원자 혹은 속제자로 관계를 맺었다. 이장용, 원부, 송송례 등은 최씨정권을 붕괴시킨 유경과 친밀하거나 관직을 추천받았다. 박송비는 임유무를 제거하는 데 공을 세웠다. 원부, 송송례, 김주정, 나유 등은 충렬왕의 수종공신(隨從功臣)[충렬왕이 원에 인질시절 수행한 공신]이거나 필도치(必闍赤)[문사]에 참여한 측근인물들이다. 박항(朴恒), 이응소(李應韶), 김련(金璉), 장일, 주열, 박지량 등은 경상도 지역에 파견된 지방관을 역임한 자들이다.

일연과 비슷한 생애를 살았던 천책은 1247년 동백련사의 주맹이 된 이래 남백련사도 이끌던 시기에 중앙관인층으로부터 입사시를 받았다고 자신의 시문집에 써놓았다. 이장용, 김구(金坵), 정흥(鄭興)[정가신 초명] 등이 천책에게 보낸 입사시가 전한다. 속제자라 칭하면서 입사시를 올렸다. 일연비음기 수법유경사대부 1품과 2품에 이름을 올리고 있다. 중앙관인층은 왕정복고나 충렬왕 측근의 인물들이다. 경상도 지역에 파견된 지방관으로 활동하여 일연과 관계를 맺었을 것이다.

지방 호장층을 결사에 포용하였다는 직접적인 근거는 찾을 수 없다. 하지만 『삼국유사』 의해 보양이목조를 정리하면서 청도군사(淸道郡司)의 고문서를 열람한 것이나, 경주사(慶州司) 안일호장 김정효의 집에 있는 고본수이전을 참고한 사례, 그리고 천룡사의 신서(信書) 관련 고문서를 천룡사 강사(剛司)와 동경유수관 문통(文通) 등에서 확인한 사실로 볼 때 이 지역 읍사(邑司)[고을 관청]의 호장층과도 지방관과 함께 교유하였다. 불일사, 인흥사 등이 있는 비슬산과 경계한 경산부, 밀성군 등과 그 속현의 읍사 호장층과도 세속 단월로 깊은 관계를 맺었다.

일연은 1270년대 중반 인흥사, 불일사로 정한 사명과 불일결사문을 작성하여 비슬산 일대에서 결사를 주도한다. 불교계

만이 아닌 중앙관인, 지방관, 호장층에 이르기까지 세속제자로 포용하였다.

### 3. 불교관 : 출가, 수행, 선, 교학, 신앙

일연의 저술이 『중편조동오위』와 『삼국유사』 정도만 전하는 관계로 그의 불교관을 이해하는 데는 한계가 있다. 하지만 비명에 전하는 행적과 위의 저술을 토대로 불교관을 여러 측면으로 나누어 살펴볼 수는 있다.

먼저 출가관이다. 일연은 출가승이면서도 효(孝)를 특히 강조하였다. 어머니를 모시기 위해 국왕에 하산을 간청하였고 어머니가 돌아가시자 하산소를 인각사로 지정하였다. 어머니를 봉양하는 지극한 효심은 중국 목주(睦州) 진존숙(陳尊宿)의 가풍을 흠모한 것이고 이에 스스로 목암(睦菴)이라 자호한다. 혼수(混修)도 어머니 가까이 머물면서 멀리 떠나지 않았고 『묘법연화경』을 사경하여 명복을 빌고 있다. 의선(義旋)은 "비록 부도의 법을 배우기는 하지만 호천망극(昊天罔極)한 은혜를 어찌 감히 잊을 수 있겠는가" 하고 그의 부조(父祖) 사당을 조성하고 그 기문을 이곡(李穀)에게 부탁하였다. 신인종(神印宗) 승들의 지극한 효심에 공감하여 성리학자 권근(權近)은 그들과의 교유를 돈독히 했다. 출가가 대효(大孝)라는 논리를 넘어 점차 적극적인 차원으로 효의 의미가 확대된다.

불교의 윤리화 현상이 일어난다. 송대 설숭(契嵩)(1007-1072)
은 한퇴지(韓退之)의 배불을 반박하는 원교론(原敎論)을 펴면서
유불(儒佛)이 일관하다는 주장을 하면서 당시 사류들의 호응을
받았다. 마침내 1061년(송 인종 6) 그는 명교대사(明敎大師)의 호
를 받기까지 하였다. 종래의 대효론에서 '색양위효(色養爲孝)[몸
소 직접 효행]'를 강조하는 세속 요구에 접근하였다. 남조 유협
(劉勰)이 "불가(佛家)의 효는 포괄하는 바가 폭넓고 심원하다 그
이치는 마음으로 말미암은 것이지 머리카락에 얽매이지 않는
다."라 하여 삭발 출가하여 부모를 떠나지만 불효가 아닌 대
효라는 논리를 펴는데 비하여 설숭은 승려의 의발(衣鉢)에 들
어갈 자산을 줄여 그 부모를 봉양하라는 주장뿐만 아니라, 부
모를 천하의 세 가지 대본 가운데 하나로 보아 부모는 육신을
낳은 근본이라 하였다.

그의 이와 같은 논리는 『보교편(輔敎編)』 3권에 실려 있다 이
책은 의천의 교장 간행 예정 서목인 『신편제종교장총록(新編諸
宗敎藏總錄)』에 올라 있다. 간행 유포된 것인지는 알 수 없으나,
의천이 송에 갔을 때 구입하여 주목한 것이 아닌가 한다. 선
적(禪籍)이 배제되었던 『신편제종교장총록』의 특성으로 보아
이례적으로 운문종 설숭의 저서가 목록에 오른 것은 유교와의
갈등에서 불교의 논리를 반영하여 문제를 해결하려는 것이다.

출가하면 부모를 떠나 불효한다는 종래의 인식에 대해 불
교는 오히려 국가와 사회에 더 크게 기여한다는 대효론으로

맞서 나갔다. 그러나 일연은 출가하여도 부모를 직접 봉양하는 색양위효론에 입각함으로써 점차 출가가 멸륜(滅倫)이라는 유학자들의 논리에 대응한다. 『삼국유사』 효선편의 진정사효 선쌍미, 대성효이세부모 신문대, 향득사지할고공친 경덕왕대, 손순매아 흥덕왕대, 빈녀양모 등은 일연 만년의 효 관념이며 나아가 그의 출가관을 반영한다.

수행관에 대해서는 그의 비명 내용에서 우선 찾아본다. 배움에 있어서는 스승의 가르침에만 말미암지 않고 스스로 통달하였다. 이미 깨달음에 들어서서는 온전하고 착실하게 실천하였으며, 매이지 않아서 걸림 없이 변석(辨釋)[판단 분석]하였고 옛 사람의 조사(祖師)[깨달은 선승]를 만나 깨달음에 이른 어구에 이르러서는 뿌리와 마디가 얽힌 것, 물결이 소용돌이친 어려운 곳은 살을 긁어내고 뼈를 발라내어 소통하고 뚫어내는 것이 도축하여 고기를 베어낼 때처럼 칼날을 넉넉히 잘 놀리듯하였다. 또한 선열(禪悅)[선을 통한 깨달음의 즐거움]의 나머지 대장경을 거듭 열람하고 여러 대가의 풀이 글을 궁구하였으며 곁으로 유교서(儒敎書)를 섭렵하고 아울러 백가(百家)를 꿰뚫었다. 이르는 곳마다 사물을 이롭게 하고 묘한 쓰임이 자유자재하였다.

비명 글에서는 선을 통한 깨달음에 이르고 실천하며 화두(話頭)를 참구함에 있어서는 철저히 깨우쳐서 선열에 이르렀음을 말하였다. 대장경을 열람하고 그 풀이 글을 궁구한다. 유교서를 비롯하여 백가의 사상을 연구하였다고 적었다. 『삼국

유사』보장봉노보덕이암조 찬시(贊詩)에서 불교, 유교, 도교 등
을 모두 거론하고 불교를 넓은 바다로 유학 및 도교를 백천(百
川)으로 비유하였다. 불교문화로 유교, 도교도 포괄할 수 있다
는 인식을 보였다.

『삼국유사』탑상편의 남백월이성 노힐부득 달달박박 조와
낙산이대성 관음 정취 조신 등과 감통편 광덕 엄장 조, 피은
편 포산이성 조에는 수행에 관한 다양한 내용과 함께 일연의
논평과 찬시가 붙어 있다. 설화를 통한 깨달음을 보여주는 것
이지만 일연의 수행관도 엿볼 수 있다.

논평과 찬시가 붙어 있는 남백월이성 노힐부득 달달박박
조에서 양성(兩聖)[두 성인]이 성도(成道)[깨달음에 이름]한다. 백월산
무등곡의 북쪽 판방에 박박사가 살고, 남쪽 뢰방에 부득사가
살면서 부득은 미륵을 근구하고, 박박은 미타를 예념하였다.
어느 날 20살 정도 된 낭자가 저녁 무렵에 북암에 와서 기숙
하기를 청하니 박박사가 수행하는 청청한 곳이므로 받아들이
지 않았다. 남암으로 방향을 돌려 청하니 부득사가 깊은 계곡
에 밤이 깊었으니 소홀히 할 수 없다고 받아들였다. 밤이 늦
어지자 낭자가 산고(産苦)가 있어 해산하고 목욕을 원하여 목
욕시켰더니 물에 향기가 나고 금액으로 변하여 같이 목욕을
청하여 향기가 나고 피부가 금색으로 변하였다. 낭자는 관음
보살임을 말하고 대보리 곧 깨달음을 이루기 위해 왔다고 하
였다. 궁금한 박박사가 찾아와 보니 부득사가 연대(蓮臺)[연꽃

대좌]에 올라 금색 미륵존상이 되어 있음을 알게 되었다. 사유를 들은 박박사도 남은 금액으로 목욕하고 미타존상이 되었다.

일연은 여기에 부득사, 박박사 그리고 성낭(聖娘)으로 표현된 관음보살에 대하여 찬(贊)을 남겼고 총괄하여 논평도 하였다. 찬과 평을 통해 일연의 수행관을 살필 수 있다. 박박사 찬에서는 현실이탈과 내세 지향적 수행이라는 소승적 방식을 긍정한다. 부득사 찬에서는 중생에 대한 보살행과 자비심을 말하고 현세 지향적 수행 태도와 대중적 수행 방식을 전폭적으로 긍정한다. 계율보다는 자비심을 앞세운다. 관음보살이 여인으로 방문한 것은 득도할 준비가 되어 있는지를 확인하려는 것으로 보고 상이한 성향과 수행 방식이 결국 하나라는 점을 암시한다. 총평에서는 두 아이를 낳은 관음보살은 마야부인에, 부득사와 박박사는 석가로 비견하여, 관음의 자식이자 성인으로 재생한다. 일연은 성향이 다른 두 수행자의 득도 방식을 모두 인정한다.

탑상편의 낙산이대성 관음 정취 조신 조에는 조신(調信)이 세규사(世達寺) 지장(知莊)[장원 관리자]으로 와서 태수 김흔(金昕) 공의 딸을 보고 깊이 반하여 낙산사 관음보살 앞에 나아가 맺어지기를 소원하였으나 이루어지지 않았다. 원망하여 지쳐 잠든 사이에 그 원이 이루어져 40여 년 자녀 5명을 두고 가난한 생활을 하였다. 그중 10여 년은 띠풀 집에 살았는데 큰아이는 굶어 죽고, 열 살 아이는 밥 빌려 다니다가 개에게 물려 이를 알게 된 부부가 서럽게 울기도 하였다. 부인이 헤어지기를 요구하여 아이 둘씩 나누어 부인은 고향으로 자신은 남쪽으로 가게 되었다. 꿈에서 깨니 머리칼은 세어 있고 넋 잃은 사람처럼 되어 탐욕하는 마음이 사라지고 관음의 거룩한 모습을 우러러 참회하게 되었다. 큰 아이 묻은 곳을 찾아보니 돌미륵을 발견하였고, 정토사(淨土寺)를 건립하여 선업(善業)을 닦았다. 『화엄경』 입법계품에 보이는 바와 같이 선재동자(善財童子)가 53 선지식(善知識)을 만나면서 관음에게 깨달음을 간절히 구하는 모습을 설화로 재구성한다.

일연은 논의에서 '사람들은 인간 세상을 즐거운 줄만 알고 날뛰며 애쓴다. 이는 깨닫지 못한 까닭'이라 하였다. 찬시에서는 '괴로운 인생이 한 마당 꿈임을 깨달았다'라고 경계한다. 관음을 매개로 꿈을 통해 괴로운 인생이 한바탕 꿈임을 깨달아 가는 과정을 보여준다.

감통편 광덕(廣德)과 엄장(嚴莊)의 수행에 대해서는 관음이 현신한 광덕 처의 가르침을 통해 알 수 있다. 광덕은 분황사(芬皇寺) 서리(西里)에서 신을 삼는 생업을 하며 처를 두었다. 엄장은 남악[함월산]의 암자에서 경작하며 살고 있었는데 서방 극락에 가는 이는 반드시 알리기로 서로 다짐하였다. 어느 날 엄장의 집 창밖에서 광덕이 서방에 먼저 간다고 알렸고 엄장이 광덕의 집을 찾으니 그가 죽어 있었다. 유해를 장사 지내고 엄장은 광덕의 처에게 함께 살자고 하여 승낙을 얻어 살았는데 정을 통하려 하자 광덕의 처가 광덕의 수행과정을 말해 주었다. 10여 년을 함께 살면서 일찍이 하루 저녁도 자리를 같이하고 자지 않았으며 밤마다 몸을 단정히 하고 바로 앉아 한목소리로 아미타불을 염송하고 혹은 16관(觀)을 지었는데 가부좌하여 정성을 다하였다고 하였다. 엄장은 부끄러워 물러나 원효(元曉)에 나아가 깨닫는 공부법을 간절히 구하고 원효는 쟁관법(錚觀法)을 만들어 이끌어 주었다. 엄장은 이에 몸을 정결하게 하고 뉘우쳐 오로지 관 닦기에 힘써 역시 서방정토로 오를 수 있었다. 광덕의 부인은 분황사 여종으로 대개 관음 19 응신(應身)[방편으로 나타나는 몸]의 하나라고 하였다. 여기서 광덕의 처는 광덕, 엄장 두 수행자의 성도를 돕기 위해 부녀의 몸으로 응화한 관음보살이다. 광덕은 '이 몸을 예토(穢土)에 남겨 두고 48대원(大願)을 이루시리까'라 노래하였다.

일연은 수행에 관해서 원효의 쟁관법을 소개하였다. 쟁관법은 원효전이나 『해동고승전』에서는 찾을 수 없지만, 문맥상 원효의 부정관(不淨觀)이었을 것이다. 부정관은 탐심(貪心)을 다스려 몸의 부정을 살피는 수행법으로 자신의 몸뚱이가 깨끗하지 못함을 관찰하기도 하고 다른 사람의 부정을 생각하기도 한다.

일연은 또한 48대원을 노래한다. 아미타불의 보신(報身) 법장(法藏)의 서원을 통해, 법장이 왕위를 버리고 사문(沙門)이 되어 청정행(淸淨行)을 하고 대중이 구제되기를 서원한 것을 전하였다. 중생이 많은 공덕을 쌓지 못하더라도 무상보리심(無上菩提心)을 발하여 무량수불을 염하면 목숨이 다할 때 무량수불이 화현(化現)하여 왕생(往生)하게 된다. 48대원은 예토(穢土)[세속]를 향하여 보낸 아미타불의 염원이다. 예토의 최후의 일인까지도 제도(濟度)함이 없이는 결코 성불(成佛)하지 않겠다는 비원(悲願)을 세우고 현재도 계속 그 원을 기도하고 있다.

포산 이성조에는 신라시기 관기(觀機), 도성(道成) 두 수행자의 포산에서의 성도 사례가 있다. 관기는 남쪽 고개 암자에서, 도성은 북쪽 굴에서 각기 수행하였다. 서로 십여 리 떨어져 있었으나 오가며 지냈다. 도성이 관기를 부르려고 할 때면 산속 나무들이 모두 남쪽을 향하여 굽으니 마치 영접하는 것 같았다. 관기는 이를 보고 도성에게 갔다. 관기가 도성을 부르려고 할 때면 나무가 모두 북쪽으로 굽었고, 도성은 관기를 찾았다. 이와 같이 여러 해를 지냈다. 도성은 처소 뒤 높은 바위 위에서 항상 좌선하였다. 하루는 바위 틈새로부터 몸이 뚫고 나와 온몸이 하늘에 올랐는데, 간 곳을 알 수 없었다. 관기도 그의 뒤를 따라 세상을 떠났다. 지금 두 성사의 이름으로 그 터를 명명하였는데, 터는 다 남아 있다. 도성암은 높이가 두어 길 되는데 뒷사람이 굴 밑에 절을 지었다.

일연은 포산에서 수행한 사실이 있다. 이들 외에도 다수의 성사들이 자연 속에서 수행하다가 세상 사람과 사귀지 않은 것을 그는 더 소개한다. 포산은 세속과 절연하고 자연 속에서 수행하기 좋은 곳임을 말하고 수행의 방법은 도반과 서로 왕래하면서 높은 바위 위의 좌선을 통하여 성도하는 것이다. 찬시에서 '꿈에도 홍진(紅塵) 속세는 가지 않네. 구름 따라 노닐다가 간 두 분 암자 옛터에 사슴만 오르고, 사람 자취 드물구나'라 하여 속세와 절연한 자연 속에서 좌선을 통한 해탈을 찬하였다. 일연 스스로도 화두를 참구하여 크게 깨달은 바 있었다. 도성과 같이 바위 위의 좌선을 통한 것인지도 모른다. 암굴 수행은『삼국유사』자장정율, 의상전교, 진표전간, 포천산 오비구 등에서도 언급된다.

『삼국유사』의 여러 조항에서 본 일연의 수행관은 각기 다른 도반의 상호 교류와 다른 수행으로 다 같이 성도하는 것이었다. 관음을 매개로 세속에서의 계율과 계율을 넘어선 방법을 통한 성도, 꿈을 통한 탐욕을 버리는 방법, 부정관을 통하고 무량수불의 48대원을 통한 방법도 있었다. 속세를 벗어나 자연 속에서 좌선하는 등의 다양한 방법도 알았다. 마지막 것은 특히 일연이 포산에서 체험한 수행 방법이었다.

이 외에도 경흥 우성, 진신 수공, 자장 정율 등에는 문수보살이 현신하여 아상(我相)[자기 고집. 여기에 사로잡히면 진리를 보지 못함]을 내세우는 것을 경계하여 깨달음을 주는 사례도 나온다. 일연 자신도 1236년 병난이 있자 이를 피하고자 문수오자주(文殊五字呪)를 염하여 감응을 기다렸다. 홀연히 벽 사이에서 문수가 현신하여 '무주북(無住北)'이라 말한다. 무주암에 이르고 그곳에서 화두를 통하여 큰 깨달음에 이르렀다.

　그런데 일연의 스승에 대해서는 비명에 공부함에 있어서는 '스승의 가르침에 말미암지 않고 스스로 그러하듯 통하여 환하게 알았다' 하였다. 물론 그 스승과 가르침에 대해서도 자세히 서술되어 있지는 않다. 다만 머리를 깎아주고 구족계를 준 진전사 대웅장노(大雄長老)만 알려졌다. 그가 수행을 통해 그리는 승려상은 어떤지 궁금하다. 당대의 여러 승려와 교류했겠지만 잘 알려지지 않아 그가 그리는 이상적인 승려상은 알기가 어렵다. 『삼국유사』에는 삼국시기의 여러 승려가 소개되어 있는데 특히 의해, 신주편에는 승려명과 함께 덕성(德性)도 표시하였다. 원광서학, 이혜동진, 자장정율, 원효불기, 의상전교, 사복불언, 진표전간, 심지계조, 명랑신인 등으로 나타내었다. 원효에 대해서는 그 덕성을 '불기(不羈)'라 하고 '성사 원효(聖師元曉)'라 하였다. 『삼국유사』에서 다른 승려에 대해서는 석(釋), 대덕(大德), 법사(法師) 등으로 칭하였지만 원효에게만은 '성사(聖師)'라 한다.

　일연은 원효를 매우 높였다. 탑상편 동경흥륜사금당십성에서 아도(我道), 염촉(厭觸), 혜숙(惠宿), 안함(安含), 의상(義湘), 표훈(表訓), 사파(蛇巴), 원효(元曉), 혜공(惠空), 자장(慈藏) 등 열 분을 십성(十聖)으로 보았다. 아도, 염촉, 안함, 표훈 등을 제외하면 모두 의해편에서도 볼 수 있는데 동진(同塵), 전교(傳敎), 불언(不言), 정율(定律), 불기 등이다. 정율과 전교 등은 계율과 경전

이해에 관한 것이지만, 동진과 불기는 불교의 대중화와 관련
되는 덕성이다. 일연은 찬에서 원효에 대해 '각승(角乘)[대립을
초월함]으로 처음 삼매경을 열었고, 무호(舞壺)[대중과 친연하기 위
해 큰 박을 무롱한 것]는 만가(萬街)[모든 길거리]의 풍(風)을 겪었다'
라 하여 삼매경소(三昧經疏)를 지은 것과 불교의 대중화를 꾀한
것을 기렸다.

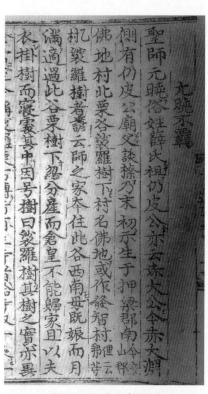

사진 40. 삼국유사 원효불기

비명에서도 알려진 것이지만 일연이 일정한 스승 없이 스스로 통효(通曉)[깨달음]한 것이라든지 대장경을 두 번 열람한 것, 담무갈보살로 칭해진 것 등은 원효의 행적과 상통한다. 무엇보다 같은 고향 출신으로서 당시 전해진 원효 행장을 읽었다. 원효의 조부 사당이 지금도 있다고 하고 향전(鄕傳)의 기사를 특별히 인용한다. 그는 어려서부터 같은 고향 출신의 원효를 이상적인 승려상으로 생각하였다.

일연의 선관(禪觀)을 살펴본다. 문도가 작성하고 민지가 이를 비석의 크기에 맞게 축약하여 정리한 비명에는 다음과 같이 기록되어 있다. 1227년 선불장에서 상상과에 올라 포산 보당암에 주석하였을 때 '마음에 선관(禪觀)을 가졌다'라 하고, 무주암에서 '생계불멸(生界不滅) 불계부증지어(佛界不增之語)'를 참구하여 크게 깨달아 사람들에게 '내가 오늘에 이르러 삼계가 환상과 꿈같음을 알게 되었고, 대지를 보아 실오라기나 터럭의 거리낌도 없다'라 하였다. 일연이 시적하기 전에 대중을 선법당(善法堂)에 모아 놓고 선상에 앉아 '마침 천사가 노승의 말후사를 보는구나' 하고 세 명의 승과 선문답을 파하고 주장자를 탁자에 내리치며 '이것이 아프고 가려운가, 아프고 가렵지 아니한가, 시험 삼아 가려 보아야 할 것'이라는 말을 마지막으로 남기고 시멸(示滅)[죽음]하였다. 국왕의 칙명으로 작성된 공식적인 일연 일대기에는 일연은 화두로 득도하고 마지막에 화두를 문도에게 남긴 오직 선사상가로 일관되었다.

그의 선사상은 그가 속한 가지산문의 사상이었지만 여러 갈래의 선사상을 받아들인다. 먼저 수선사의 선사상이다. 일연이 정림사로 주석처를 옮겼을 때 남해분사도감에서 간행한 『선문염송(禪門拈頌)』을 열람하였을 것이다. 이는 혜심의 저술이다. 일연이 편수한 것으로 비명에 적혀 있는 『선문염송사원』은 바로 혜심의 『선문염송』을 계승한다. 수선사 3세 청진국사 몽여(夢如)를 뵙고 조동가세(曹洞家世)에 대해 문의한 것은 수선사와의 관계를 말해 준다.

『선문염송』의 성격은 혜심이 1226년에 쓴 서문에서 알 수 있다. 선종의 불립문자(不立文字) 전통을 말하지만 깨달음을 추구하는데 문자를 버릴 필요는 없다. 징(徵)[사가에 대한 비판], 염(拈)[보통 말에 의한 비평], 대(代)[선문답에서 주객이 말이 없을 때 대신 하는 답], 별(別)[문답의 주객에 대해 제3자의 입장에서 진술], 송(頌)[시로 비평], 가(歌)[노래로 비평] 등과 같은 공안(公案)[공부(관청)의 안독(공문서)에서 따서 만든 합성어이다. 참선 수행자가 법칙 삼아 참구해야만 정도로 갈 수 있는 선종공부의 규범] 비평을 중시한다. 고칙(古則)[오래된 법칙이라는 뜻으로 참선수행의 준칙이 되는 불조의 언구를 가리킴] 1125칙을 모으고 아울러 여러 조사의 염고(拈古)[옛 사람 말을 가져다가 자기의 소견으로 해석·비판함], 송고(頌古)[공안을 운문으로 표시한 것] 등을 기록하여 30권을 이루고 거기에 전등(傳燈)[깨달음이 전수되는 계보]을 배열하였다. 혜심은 당시 선종계에서 문자선(文字禪)[대면하여 대화로 깨달음을 확인하지 못하고 비대면의 문자로 깨달음에 이름]

이 성행되고 있었으며, 그러한 현실적 수요에 대응하기 위해 『선문염송집』을 편찬한다고 밝히고 있다. 그리고 유감스러운 것은 여러 사람의 어록(語錄)[조사들의 설법이나 제자와의 문답 응수를 다른 제자가 기록한 것]을 다 보지 못하여 빠뜨린 것이 있을까 염려된다고 하였다. 송대 선적을 충분히 입수하지 못한 것을 말한다. 따라서 일연의 『선문염송사원』은 혜심의 『선문염송』을 보충하기 위해 편수한 것이다. 『선문염송집』에 수록된 방대한 착어(着語)[공안에 붙이는 평을 포괄]는 이들 문헌과 함께 운문종, 조동종, 임제종 등 송대 각 종파의 선적을 폭넓게 수집하여 편집하였음을 보여준다.

일연은 1256년부터 『조동오위』의 보완에 착수하여 1260년에 중편하였다. 이 책은 동산양개(洞山良价)가 제창한 편정오위설(偏正五位說)에 조산본적(曹山本寂)이 주를 가한 조동종의 중심 사상을 담고 있다. 일연이 관심을 가지고 보완하여 중편한 것은 조동선도 수용했음을 증거한다. 조동선은 주역에 관한 이해에서 많은 영향을 받았다. 일연이 『중편조동오위』를 간행하면서 서문에 '회연(晦然)'이라는 자(字)를 사용한 것에서 보면 성리학과 연계성이 있다. 성리학을 집대성한 주희가 '회암(晦庵)'이라는 호를 쓰고 있는 바, 일연이 '회연'이라는 자를 『중편조동오위』 서문에 사용하였음은 그에 영향받았음을 시사한다. 성리학을 고려에 전파하고 정동행성유학제거(征東行省儒學提擧)[성리학 보급담당관]에 임명된 안향(安珦)이 주자(朱子)의 호 회암을

본떠 '회헌(晦軒)'이라 하였다.

일연의 편수『조정사원』30권은 제목으로 보아 목암선경(睦庵善卿)이 1108년 편찬한 8권본『조정사원』을 본받아 다시 편찬한 것이다. 『조정사원』은 선문조사의 어록과 선적 등의 약 2400 어구를 대상으로 훈고(訓詁)[경서를 풀이함]한 것이다. 『조정사원』은 본래 분량의 절반이 설두중현(雪竇重顯)의 7부집을 대상으로 하였다. 일연의『조정사원』30권의 성격이 한국 선종에 관한 사전적 내용을 대폭 증보한 것으로 추정하는 견해도 있다. 일연의 선적이 전부 실전(失傳)[전하지 않음]된 까닭에 모두 추정에 불과하지만, 앞의 견해를 중시하면 일연의 선사상에는 운문종의 선풍이 녹아있다. 특히『조정사원』저작자 목암선경은 일연 비명에서 일연이 목주(睦州) 진존숙(陳尊宿)의 풍을 사모하여 자호하기를 목암(睦庵)이라 한 바로 그 운문종 승려이다.

일연이 만년에 선린에게 간행을 위한 필사를 부탁한『인천보감』은 1290년에 인흥사에서 간행되었다. 상 하 2책으로 1230년 남송의 선승 담수(曇秀)가 편찬한 것이다. 담수는 임제종 양기파이며 대혜종고(大慧宗杲)의 손자 상좌인 소옹묘감(笑翁妙堪)의 제자이다. 담수의 서문에는 선사상만을 지향하려는 것은 아니고 경학과 율법까지도 포괄하며 유학과 노자의 도까지도 포용한다고 하였다. 『인천보감』내용에는 천태종 승려들이 많이 수록되어 있다. 전체 122단락 중 40 단락으로 1/3 정도

이다. 일연은 선사상과 법화신앙이 결합된 불교관에 심취한
면도 있다.

보환(普幻)이 계환(戒環) 해(解)[풀이] 『능엄경(楞嚴經)』의 미비점
을 산보(刪補)[깎고 보충]하고 1279년에 일연에게서 교시를 받았
다는 내용이 『능엄경환해산보기(楞嚴經環解刪補記)』 발문에 전한
다. 보환은 생몰연대는 미상이지만 1265년(원종 6) 귀로암(歸老
庵)에서 『능엄경』을 강연하면서 문의가 순하지 않은 곳에 자기
견해를 서술하고 깎고 보충하여 책명을 산보기(刪補記)로 하였
으나 제대로 되었는지 알 수 없어서 목암화상(睦庵和尙)[일연]에
보여 크게 교정을 받아 정확한 뜻이 통하여 제목을 산보통방
(刪補通妨)으로 하였다. 보환은 천태종승인지 선승인지 명확하
지 않으나, 『능엄경』은 통불교선으로 통한다는 견해가 있는
만큼 참선지침서로서 선학적 위상을 가진다고 한다. 따라서
일연은 『능엄경』을 통한 선관도 받아들이고 있는 것으로 생각
된다.

일연의 선관은 수선사 선사상을 수용하고 중국의 조동선,
운문선, 임제선, 천태종 등을 선적을 통해 폭넓게 수용한다.
그의 편수 중 『조파도』는 송과 고려의 선승 계보를 망라한 것
으로 생각된다. 일연의 선은 훈고적 문자선(文字禪)의 당시 일
반적 경향일 뿐이므로 여러 갈래의 선사상을 수용한 것으로
규정할 수 없다는 점을 지적한 견해도 있다.

교학관은 남겨진 저술이 없어 알 수 없다. 그의 저작 중에

서『대장수지록』과『제승법수』등은 실전되었지만, 일종의 사전적 성격의 것으로 교종과 관련된다. 비명에서 일연은 선열의 나머지에 장경(藏經)을 두 번 열람하고 제가의 장소(章疏)를 궁구하였다는 서술에서 교학에 조예가 있었음을 짐작할 수 있다.『대장수지록』과『제승법수』두 책은 대장경을 읽는데 필요한 요목을 정리한 것이 아닐까. 1268년 원종의 조지에 따라 운해사에서 선교 명덕 100원을 모아 대장낙성회를 주맹한다. 낮에는 금문(金文)[대장경]을 읽고 밤에는 종취(宗趣)를 담론하고 제가[여러 사상개]의 의문점을 사(師)가 모두 분석하여 풀기를 물 흐르듯 하여 정밀한 뜻이 신의 경지에 이르렀다. 일연 생애를 운문으로 종합한 명(銘)에는 '교해(敎海)의 용음(龍吟)'이라 노래하였다.

신앙관은 여러 불·보살신앙에서 살필 수 있다. 관음신앙은 일연이 가장 관심을 보인 보살신앙이다. 인홍사에서『법화경보문품(法華經普門品)』과『대비심다라니경(大悲心陀羅尼經)』 등을 간행하였다. 인홍사는 일연이 1264년 남환하여 오어사에 머문 이후 인홍사주의 초청으로 주석이 되어 11년 만에 크게 확장 수리한다. 1274년 충렬왕으로부터 인홍사로 사액(賜額)[국왕이 편액을 내려줌]되었다. 1277년 운문사로 옮겨 갈 때까지 머물렀다. 1264년에서 1277년까지 14년간 인홍사에서 주석하며 활동하였다. 인홍사에서는 1275년『법화경보문품』을, 1278년『역대연표』를, 1290년『인천보감』을, 1293년『대비심다라니경』을 간행한다. 『법화경보문품』은 일연이 주석할 때 이루어진 것이고 『대비심다라니경』은 1293년에 간행하여 일연이 인각사에서 입적하고 난 뒤의 일이다. 일연의 문도로 『법화경보문품』을 필사한 선린이 1296년 일연비 음기에 나온다. 1293년 『대비심다라니경』의 간행은 일연 문도 인흥사 주석 선린이 하였을 것이다.

『법화경보문품』은 일연이 인흥사에 있으면서 선린에게 판하본을 필사하게 하여 간행한 것으로 일연의 관음신앙에 대한 관심을 보여준다. 여기에는 「관세음보살육자대명진언」이 함께 수록되어 있다. 관음신앙은 『화엄경』, 『법화경』, 『관무량수경』, 『무량수경』, 『아미타경』, 『천수경』, 『대승장엄보왕경(大乘莊嚴寶王經)』 등에 근거한다. 일연은 『법화경』의 관세음보살보문품과 『대승장엄보왕경』에 바탕한 관음신앙을 중시한다. 법화경보문품은 관음보살이 세상을 구하는 원력과 무량한 방편의 힘을 설한다. 현세이익과 구원적이며 실천적 성격을 지닌다.

「관세음보살육자대명진언」은 한글로 '옴마니반매훔'이 되는데 『대승장엄보왕경』에 기초한다. 이 주문을 외우고, 서사(書寫)하고, 지니면 탐·진·치(貪·瞋·痴)[탐욕, 성냄, 어리석음] 삼독을 벗어나고, 보살의 지위를 얻어 생노병사(生老病死)의 고통을 반복하지 않는다. 다라니신앙을 강조한다. 일연 스스로 몽골 병난시 피신하기 위해 '문수오자주(文殊五字呪)'를 염(念)[반복하여 외움]한 바 있다. 『삼국유사』에서 신주편을 두어 『금광명경』의 진언을 통한 치병(治病)[질병치료]과 양병(禳兵)[병난을 물리침]을 강조하였다.

『대비심다라니경』은 『천수천안관세음보살광대원만무애대비심다라니경』의 줄인 이름이다. 실천적 관음신앙을 대표한 경전이다. 『삼국유사』에는 관음신앙과 관련된 내용이 많다. 탑상편 전체 항목 중에서 가장 많아 7 기사가 있다. 삼소관음 중생사, 민장사, 남백월이성, 분황사천수관음 맹아득안, 낙산이대성 관음 정취 조신, 대산오만진신, 명주 보질도태자전기 등이다. 감통편 광덕 엄장, 경흥 우성, 그리고 기이편 문호왕 법민 등의 조에도 관음보살의 영험과 방편을 제시하였다.

문수보살은 『화엄경』에 근거하며 지혜를 인격화한 것이다. 묘길상(妙吉祥), 묘덕(妙德)으로 한역되며 지혜의 완성을 상징하는 화신이다. 일연은 문수오자주를 염한 사실이 있다. 『삼국유사』 탑상편 명주오대산보질도태자전기에서 오대산 중대에 1만 문수보살이 상주한다고 하고 차 공양을 올리는 내용을 소개한다. 『삼국유사』 협주와 찬시 등에서 보면 의상(義湘)의 화엄 우위 사상이며 80권 화엄경을 소의로 하였다.

미륵과 미타신앙에 대해서는 『삼국유사』에 자주 언급된다. 크게 보면 7세기에는 미륵존상 사례가 많이 등장하고 8세기에는 미타존상 사례가 많다. 미륵은 『불설관미륵보살상생도솔천경』, 『불설미륵하생경』, 『불설미륵대성불경』 등 미륵삼부경에 근거하며 자비의 뜻이 있어 자씨보살(慈氏菩薩)로 한역

(漢譯)된다. 특히 『관미륵보살상생도솔천경』에 이상세계로 도
솔천(兜率天)[미륵보살의 정토]의 모습을 묘사하고 십선(十善)[몸·
입·뜻으로 10악을 짓지 않음]을 닦아야 갈 수 있다. 아미타신앙은
『관무량수경』, 『무량수경』, 『아미타경』 등 정토삼부경에 의거
한다. 법장보살이 48대원을 세우고 정진하여 아미타불이 되
었다. 서방 극락세계를 주관한다.

『삼국유사』 탑상편 미륵선화 미시랑 진자사에서는 진지왕
대의 미륵에 대해 소개하였다. 흥륜사 승려 진자(眞慈)가 미륵
상 앞에서 미륵이 화랑으로 변하여 세상에 나타나기를 빈다.
꿈의 계시에 따라 경중(京中)에서 미시라는 미소년을 발견하여
국왕에 소개하고 국선(國仙)으로 삼게 되었다. 그 낭도가 화목
하고 예의와 풍교가 보통 사람과 달라 그 풍류가 세상에 빛나
게 되었다. 진자가 미륵의 화현(化現)을 대망하여 실현하고 스
스로 정성껏 도를 닦은 행적을 찬하였다. 탑상편 생의사 석미
륵은 선덕여왕대 사례이다. 도중사(道中寺)에 거주하는 승려 생
의(生義)가 꿈의 계시에 따라 남산 동곡에서 묻힌 석미륵을 꺼
내어 삼화령 위에 옮겨 놓았다가 거기에 절을 짓고 거주하였
다. 충담사(忠談師)가 3월 3일과 9월 9일 차를 공양한다. 탑상
편 남월산 미륵존상, 미타존상은 성덕왕대의 일이다. 의해편
현유가 해화엄에서는 태현(太賢)이 남산 용장사(茸長寺)에 살면
서 그 절의 미륵장육 주위를 항상 돌았는데 그 불상도 역시
태현을 따라서 얼굴을 돌렸다. 감통편 월명사 도솔가에서는

해가 둘이 나타나는 현상을 물리치기 위해 월명사(月明師)를 모셔 도솔가(兜率歌)를 지어 부르게 하여 그 변괴(變怪)를 사라지게 하였다는 영험을 이야기하였다. 탑상편 남백월사의 미륵과 아미타 존상은 노힐부득과 달달박박사의 성불과 관련하여 성립되었다. 미륵은 금당에 미타상은 강당에 모신 설화이다.

경덕왕대에 경주와 지방 사회에 아미타신앙이 확산되고 존상이 조성되었다. 피은편 염불사 조에는 피리사(避里寺)의 염불사(念佛師)가 미타 염불을 경주 가가호호에 낭랑하게 한결같이 들리도록 하였다. 그는 죽어서 왕경내 민장사(敏藏寺)에 아미타 소상(塑像)으로 추모 되었다는 이야기이다. 감통편 욱면비 염불서승에서는 강주지방 사회에 아미타를 염호하는 만일염불회가 조성되었다. 욱면(郁面)이라는 여자 종이 주인의 방해에도 불구하고 간절한 아미타 염불로써 지방 귀족들보다 가장 먼저 살아 있는 몸으로 서방정토로 간 설화이다.

이와 같이 일연은 『삼국유사』 각 편에서 타력신앙의 대상으로서 여러 불·보살신앙을 제시하였다. 굶주림, 질병, 갖가지 소원 성취, 계율적 반성, 추선 등 다양하였다. 신앙의 범위도 공간적으로나 신분적으로 확대하였다. 중앙과 지방, 여자 종에 이르기까지 사례를 소개하였다. 몽골 침입으로 경주와 경상도 일대의 불교 유적이 황폐화된 상황에서 이곳에서 불교 문화가 꽃 피운 신라 불교사를 다시 환기한다. 정신적인 측면에서 불교문화의 재생과 민의 안정을 바라면서 다양한 불·보살신앙을 이야기하였다.

## 4. 역사인식, 현실인식, 그리고 지향사회

일연의 현실인식과 지향한 사회상을 알아보기 위한 바탕은 역사인식에서 찾아야 할 것이다. 일연의 역사인식 역시 『삼국유사』에서 정리할 수 있다. 『삼국유사』는 내용상 왕력, 기이, 그리고 흥법 이하 편 등 세 부분으로 나눌 수 있다. 『삼국유사』를 사서(史書)라는 시각에서 보면 왕력은 연표, 기이는 삼국역사, 흥법 이하는 불교문화사로 볼 수 있다. 왕력에서 시대구분에서 중고(中古)를 강조하지만, 기이편 내용과는 다르다. 그래서 시대구분과 역사인식에 대해서는 기이편에서 살피는 것이 타당하다. 기이는 본기와 열전에 대응하며 한국 고대 정치사적 흐름을 다룬 부분이다. 흥법편 이하는 신라불교사의 전개과정이라는 점에서 법흥왕대의 불교의 전래와 공인 사실을 수록한 흥법과 진평왕 이후 불교의 발전과정 내용을 인물 중심으로 서술한 의해 등을 중심으로 구성되어 있다. 서술의 하한은 선종(禪宗)이 대두되는 신라하대까지다.

기이 서(敍)에서 제왕(帝王)이나 성인(聖人)의 탄생에 동반되는 신이함을 괴이하게 여기지 않고 강조하였다. 그리고 기이를 제편(諸編)의 첫머리에 두게 된 까닭이라 한 것은 일연이 정치사와 불교사 인식을 아울러 신이사관(神異史觀)이라 이름 붙이는 이유가 될 수 있다.

일연의 시기구분은 기이와 홍법 이하편에서 보면 『삼국사기』의 시기구분을 따르고 있음을 알 수 있다. 기이편을 권1과 권2로 나눈 것은 단순히 분량의 문제가 아니라 일통삼한(一統三韓)이라는 것을 기준으로 삼은 의도적인 구분이다. 권1의 마지막 부분인 김유신, 태종춘추공, 장춘랑파랑 조는 무열왕대로 백제 멸망에 초점을 두고 있는 반면 권2의 시작인 문호왕 법민, 만파식적 조는 삼국통일과 통일된 삼한의 통치를 나타낸다. 무열왕의 묘호인 '태종(太宗)'에 대해서는 삼한을 일통하였으니 그 공적이 많지 않다고 할 수 없다고 하였다.

홍법 이하편에서도 불교발전 과정을 인물 중심으로 서술한 의해편 13인 고승이 활약한 시기는 진평왕대부터 헌덕왕대까지 각 분야를 대표하는 인물들이다. 『삼국유사』 권2 경덕왕충담사표훈 조에서 신라 10성의 마지막 인물인 표훈(表訓) 이후에는 성인이 나타나지 않았다는 사실을 분명히 기록하였던 것도 일연의 신라불교사 인식의 일면이다.

기이 첫머리에 고조선조를 두어 단군을 민족의 시조로 하여 삼국의 뿌리도 거기서 출발한 것으로 설정하였다. 고려 역시 단군에서 연원한 국가이며 중국과 대등할 정도의 유구함과 그 출발이 신이함을 강조한 것이다. 이를 통해 몽골침입과 지배하의 어려움을 극복하려는 힘으로 생각한 듯하다. 일연과 비슷한 시기에 살았던 이승휴(李承休)도 『제왕운기(帝王韻紀)』 하권 지리기(地理紀)에서 중국과 다른 별천지를 설정하고 전조선기(前朝鮮紀)에서 그 별천지의 기원은 단군(檀君)이었다고 하여 고려가 독자적 영토의식과 역사전개를 이어 온 나라임을 강조하였다.

고조선 이후 삼국 이전까지 출몰한 것으로 보이는 정치체를 일괄하여 고구려 조 앞에 배치하였다. 고조선과 삼국 사이에 많은 정치체의 존재를 상정함은 그것이 처음부터 분립의 상태가 아니었음을 강조하려는 것이다. 삼국통일을 강조하는 한편 국가의 연원을 거슬러 고조선에서 뿌리를 찾고 더 이상 삼국의 분립과 같은 파국을 막으려 하였다. 삼국은 동류라는 의식을 뛰어넘어 원래부터 고조선이라는 국가와 단군이라는 시조신에서 나왔다는 사실을 강조하였다.

일연은 몽골의 침략에 적절한 대응을 하지 못한 요인을 내부의 분열로 본 것 같다. 무인집정기 백제, 신라, 고구려의 재건을 내건 반란에 직면했던 것을 알았고, 이를 막지 못한 정권 보위에만 몰두한 무인정권에 대한 반감이 있었다. 고려 이전의 역사를 정리하면서 고조선을 강조하고 삼국통일을 내세우고 독자의 역사를 이은 고려로의 역사전개를 제시하였다.

일연이 현실을 바라보고 꿈꾸는 사회는 무엇이었을까. 거의 동시기에 생존한 승려 충지(冲止), 천책(天頙) 등은 각기 『원감국사집(圓鑑國師集)』, 『호산록(湖山錄)』 등 시문집이 전해져서 그 생각을 좀 더 가까이 접근할 수 있지만, 일연은 삼국의 역사와 불교설화로 남긴『삼국유사』에서 생각을 담았을 것이다.

『삼국유사』에는 고려시대 관계 기사가 30조나 남아 있다. 전체 9편 137조 중 1/5을 넘는 분량으로 기이편에 7조, 탑상편에 13조가 소개되어 있다. 탑상편 전체 31조의 40%를 넘는다. 탑상편의 거의 모든 기사 말미에는 그 유적들의 당시 상황을 간략히 기재하였다. 탑상편은 삼국시대에 관한 기사이지만, 고려후기 당시 고적 현황을 답사한 기록 같은 성격을 띠고 있다. 일연의 고려시대 인식을 파악하는데 유용하다.

일연은 무인집권기에 출가하고 원종대 이후로 국왕에 발탁되었다. 고종대 이후 다수의 기사에서는 신라이후 불교적 인연을 맺은 탑상, 불사리들의 보존에 대한 문제를 많이 다루고 있다. 황룡사에 대해서는 4 항목에 걸쳐 많은 지면을 할애한다. 진흥왕이 전불시대(前佛時代)의 가람터에 창건하여 가섭불의 연좌석이 남아 있었다. 창사 이래 잘 보존되고 있었으나, 서산대병(西山大兵)[몽골군]의 침략이후 땅에 파묻혀 간신히 지면 높이로 평평하게 되고 말았다. 황룡사장육조로 보아 서축(西竺) 아육왕(阿育王)이 보낸 석가삼존상의 모형과 재료가 불연(佛緣) 깊은 신라 땅에 도착하였다. 진흥왕은 장육존상을 주조하여 완성하고 그 인연을 기렸다. 몽골의 병화 이후로 대상(大像)과 두 보살상이 모두 녹아 없어지고 말았다.

자장법사가 당에서 신인(神人)의 계시를 받고 귀국하여 선덕왕대에 이웃 나라들이 항복하고 구한(九韓)이 와서 조공할 것을 바라는 서원 위에서 황룡사 구층탑을 완공하였다. 찰주 속에 자장이 오대에서 가져온 불사리 100립을 삼분 봉안하여 이웃 나라에 위세를 떨쳤다. 신라, 고려시대를 거치며 5차례 벼락을 맞고, 6차례 중성(重成)하면서 보존해 왔는데, 서산의 병화[몽골침입]로 모두 소실되었다고 하였다.

사진 41. 황룡사지 전경

사진 42.
황룡사지 탑지

사진 43. 황룡사지 심초석

일연은 신라시기 황권을 상징하는 황룡사와 당에서 가져온 불사리가 안치되고 구한이 조공할 것이라는 국운 상승의 상징 구층탑이 소실된 것을 아쉬워하고 다시 성립되기를 기대하였다. 가섭불연좌석이 남아 있고 장육상은 녹아 없어졌지만 소석가상은 그대로 있었다. 구층탑의 찰주기와 여러 차례의 중성 경험을 기록하여 다시 재정비할 가능성을 남겼다. 불교를 통한 왕권의 복고를 대망하면서도 몽골에 대한 강한 적개심은 보이지 않는다.

　몽골 침입기의 낙산사 성보(聖寶)가 보존되는 전말(顚末)에 대한 기사는 낙산이대성조에 있다. 낙산의 관음 정취 이성(二聖) 진용은 파괴된 듯하였다. 의상의 수정염주와 여의보주 두 보물은 주지 선사 아행(阿行)으로부터 그것을 탈취한 사노 걸승(乞升)의 서원덕에 보존될 수 있었고 명주 감창고(監倉庫)에 보관되었다. 대선사 각유(覺猷)가 내원당(內願堂) 승으로서 국왕에 보고하기를 그곳도 함락될 위기가 있어 지킬 수 없다고 하고 대궐로 운반해 오자고 하였다. 국왕이 허락하고 야별초 10인을 보내 그것을 가져다가 내부(內府)에 안치하고 그들 10인에게 각기 은 1근, 미 5석을 주었다. 낙산사의 성보가 보존되고 왕궁으로 모셔온 인연을 서술하였다. 낙산사 성보의 왕궁으로의 안전한 보관을 통하여 국가와 불교계의 위기를 극복하였다는 의미를 제시하였다. 국가와 불교의 일치를 통하여 이루어지는 이상사회를 말한다.

무신집권자에 대한 인식을 보여주는 것은 전후소장사리조의 통도사불사리 기사이다. 고종 22년 상장군 김이생(金利生)과 시랑 유석(庾碩)이 낙동강 이동을 지휘할 때 왕명을 받고 통도사에 와서 계단 위의 석확(石鑊)[돌뚜껑]을 들고 불사리를 첨경(瞻敬)[우러러 공경]하려 하였다. 절의 승려가 만류하자 억지로 군사를 시켜 들쳐보았다. 유리통 속에 사리 4립이 있었다. 그 통에 금간 데가 있어서 유석이 수정 상자를 내놓아 같이 보관하였다. 일연은 평하기를 '옛 기록에 사리 100매의 1/3이 있었다. 지금 4매뿐인 것은 사리의 숨고 나타나는 것은 사람에 따라 많기도 하고 적어지기도 하니 괴이한 일은 아니다.'라 하였다. 때는 1235년 최우 집권기로 무인정권의 힘에 의해 불사리가 사라진 것으로 짐작되는데 그 책임을 구체적으로 묻지는 않고 있다.

원종대에는 대조(大朝)[원을 지칭] 사좌(使佐)와 본국 황화(皇華)[왕족]가 다투어 와서 첨경하고 사방에서 몰려와서 참배하였다. 진신사리 4매 외에 변신사리는 모래처럼 부서져서 석확 밖에 나타나 있었다. 이상한 향기가 풍기어 여러 날 없어지지 않는 일이 종종 있으니 이는 말계(末季)의 한 기이한 일이라 하였다. 일연은 몽골을 대조라고 표현하고 그들까지 불사리를 참배하는 것을 나타내면서 고려 관리들과 함께하는 것을 드러낸다. 불사리를 첨경하는 것을 통해 몽골지배를 받아들이고 화평하기를 갈구한다.

고려 궁실의 내전 불아(佛牙)는 예종대에 수입 안치되어 보존된 것인데 고종 19년 강화천도 당시에 분실하고 말았다. 그 책임은 좌번알자(左番謁者) 김서룡(金瑞龍) 및 내전상수(內殿上守) 등에 있었다. 수사 도중 서룡의 집 안마당으로 불아함이 날아들어 이 둘을 모두 처벌하고자 하였으나 집권자 최우가 만류하여 사면하였다. 재(齋)를 개설하여 불아를 경배하는데 진양부(晉陽府)[최우에 대한 예우기구]가 백은함을 주어 그에 안치시켰다. 국왕은 네 가지 추측 중에 도둑이 집안에 숨겨 놓았으리라는 추측이 맞다면서 통곡하자 모두 눈물을 흘렸다. 이 사건의 처음과 끝을 보아 사리를 둘러싸고 국왕과 최씨집권자 사이의 힘겨루기가 보인다. 국왕의 무력함을 드러내고, 아울러 무신집권의 무도함을 에둘러 표현한다.

원종 11년 개경환도 당시에도 어수선하였다. 십원전(十員殿) 감주 선사 심감(心鑑)이 몸의 위험을 무릅쓰고 불아함을 가지고 나와 무사히 보존할 수 있었다. '출도지난(出都之亂)'이라 표현하고 강화로 천도할 때보다도 더한 혼란이라고 하였다. 삼별초난을 지칭하는 것으로 일연은 이를 '적난(賊難)'으로 표현하여 매우 비판하였다.

일연은 국왕의 성보와 사리, 불아 등에 대한 첨경의식과 불교를 보호하려는 의지에 우호적이며 불교를 통한 국왕권의 회복을 바라마지 않는다. 최씨 무인정권에 대해서는 비판적이었다.

일연은 고려중기를 신라와 중국에서 불교가 전승되어 재정비된 사회로 보고 특히 예종대의 불아 전승과 첨경을 그 정점으로 여겼다. 전후소장사리조의 기사에서 잘 드러난다. 고려 초기 보요선사(普耀禪師)가 중국에서 대장경을 수입한 것을 크게 찬미하였다. 선종대 어떤 사람의 찬시가 있고, 의종대 한남관기(漢南管記)[한남지역 서기] 팽조적(彭祖逖)의 시와 발(跋)이 있어서 불교의 동점(東漸)은 실로 여기에서 비롯되었다고 하였다. 예종대 혜조(慧照)국사는 왕명을 받고 서학(西學)하여 요본대장경(遼本大藏經) 삼부를 구입해 온다. 선종대 의천(義天)은 송에 들어가서 천태교관을 가지고 나왔다는 것 등을 열거한다. 불교의 동점이 기쁘다는 찬시를 붙이고 있다. 예종대 입공사(入貢使) 정극영(鄭克永), 이지미(李之美) 등이 불아를 입수해 왔는데 그 유래에 대해 설명하고 있다. 이 불아는 신라시기 의상(義湘)법사가 제석궁(帝釋宮)에서 빌어다 치경(致敬)[공경함]하고 당(唐)의 대내(大內)[궁궐]에 둔 것인데, 송(宋) 휘종조에 척불운동이 일어나 바다에 버리려는 것을 고려 사신이 뇌물을 주고 사서 들여왔다. 예종이 이를 내전에 안치하고 매번 행차할 때마다 첨경하였다.

일연은 전후소장사리조에서 불아는 가장 권위 있고 신성한 성물이라는 논증을 하였다. 송 황실이 소장한 불아는 의상이 당 종남산(終南山) 지상사(至相寺)에 유학할 때 제석천의 공경을 받고 있던 도선율사(道宣律師)에 권유하여 제석천이 소장하고 있던 불아 한 개를 7일 기한으로 빌려와서 궁중에 모시게 된 것이다. 제석천이 불아를 소장하게 된 경위는『대반열반경후분(大般涅槃經後分)』에 자세하다. 석존 다비식 때 제석천이 사리를 팔분(八分)하기에 앞서서 관 뚜껑을 열고 생전의 약속을 구실로 석존의 어금니 한 개를 뽑아서 도리천(忉利天)[33천]으로 돌아가서 이를 공양하였다. 일연은 이 경명을 언급하지는 않았지만, 남해에서 대장경판각 사업에 참여하고 선을 공부한 여가에 대장경을 두 번 읽은 바 있어 인지하였을 것으로 본다. 불아는 불사리에 비해 그 개수가 유일하고 제석천을 매개로 송 황실과 고려 황실로 전승되어 그 신성성이 크다. 예종이 석존에서 비롯된 불아를 첨경한다는 것은 세속 군주가 불교를 보호하는 것이다. 불교국가임을 천명하고 사부대중의 신앙성을 통해 그 정통성을 유지하는 고려왕조임을 천명하는 것이다. 일연은 고려왕조가 불교국가임을 증명하고 몽골침입으로 피폐한 고려 사회에서 고려 중기의 불교국가로 회귀할 것을 소망한다.

예종은 동화사에서 진표(眞表)의 불골간자 8, 9자 성간(聖簡)을 빌어서 첨경하다가 9자 1간을 분실하고 아(牙)로 대치하여 본사로 돌려보낸 적이 있다.『삼국유사』의해편 심지계조에 관련 내용이 전한다. 일연은 여기서 8자 9자 두 성간의 새 것과 옛 것을 구분하기 어려우며, 당시의 동화사(桐華寺)에서 전한 간자와 나말에 석충(釋忠)이 태조에게 바쳤다는 진표 율사 계간 189매와의 같음과 다름이 미상하다고 하였다. 진표가 전한 불골간자 8, 9자 성간은 미륵의 손가락 뼈이다. 의해편 진표전간조에 따르면 진표가 영산사(靈山寺)에서 부지런하고 용감하게 수행하였다. 과연 미륵보살이 감응하여 나타나 『점찰경』 2권과 아울러 증과(證果) 간자 189개를 주면서 이르기를 '그 가운데 8간자는 새로 얻은 묘계(妙戒)를 말하고 9간자는 더 얻은 구계(具戒)를 말한다. 이 두 간자는 내 손가락뼈이고, 나머지는 모두 침단목(沈檀木)으로 만든 것으로 여러 번뇌를 이른 것이니 이것으로써 세상에 법을 전하여 사람을 구제하는 나루와 뗏목을 만들어라' 하였다. 예종이 첨경한 것은 미륵불의 손가락 마디로 이루어진 간자이다. 묘계는 대승계율이고 구계는 비구가 지켜야할 구족계를 의미한다. 곧 예종은 불교의 가르침을 받는 계율을 수지한 것이다. 예종대 미륵불 손가락 뼈로 이루어진 8, 9 간자가 예종에 의해 궁중에 보관되었을 것이라는 암시이다. 일연은 여기에 대해 미상하다는 것으로 정리하고 있다. 예종의 불아 첨경과 진표가 전한 8, 9간자 첨경은 고려 국왕의 신행(信行)을 상징한다.

충지가 영남간고시에서 동정군에 징발되는 민의 참상을 언급하고 원 황제의 보살핌으로 극복될 수 있을 것이라는 대안을 제시한 바 있다. 현재 남겨진 자료에서 일연은 당시 민의 상황에 대해서 언급한 바가 없다. 다만 『삼국유사』에 신라시기의 빈민의 상황을 담은 이야기가 실려 있다. 그런데 대부분 전래된 이야기를 감동과 교훈을 주는 기준으로 선택한 것이다. 신앙을 통해 고단한 현실을 넘고 지극한 효성을 부처님에 대한 정성으로 승화시킨다.

사진 44. 동화사 금당암(진표 간자 보관지 추정)

　일연 자신이 국존으로 책봉된 만큼 국사(國師)의 역할에 대해서는『삼국유사』에서 다수 언급하였다. 통일후 신문왕대에 백제지역의 웅천주인인 수씨(水氏) 경흥(憬興)을 국노(國老)로 대우하여 삼랑사(三郎寺)에 살게 하였는데, 최초의 국사였다. 이는 삼국통일을 이룬 문무왕의 고명(顧命)에 의한 것이다. 복속된 백제지역의 고승을 최고의 성직자로 삼아 불교의 교화로 회유하려는 면을 보여주고 있다. 국노 경흥에 대해 문수보살이 화려함을 경계한 이후로 그가 근신하였다. 국사로서의 덕과 절제를 보여 대중의 모범으로 처신하려 한 것이다.

효소왕대의 국사는 혜통(惠通)이었다. 혜통은 왕권에 도전한 정공(鄭恭), 신충(信忠) 등의 반역 귀족과 왕권과를 매개한다. 국왕이나 왕녀의 질병의 원인[왕권에 도전]을 해결 완충하는 역할을 하였다. 그가 머문 곳이 어디인지 자세하지는 않으나, 한때 왕망사(王望寺)에 머물렀다.

경덕왕대의 국사는 영여(迎如)이다. 족속과 성씨는 알 수 없으나, 덕과 행실이 매우 높았다. 실제사(實際寺)에 살고 있었는데 대궐에서 국왕을 위한 재를 한번 올린 뒤에는 행방을 감추어 버렸다. 경덕왕은 그를 국사로 삼고 그가 머문 실제사를 국사방(國師房)이라 하였다.

원성왕대의 연회(緣會)도 영취사(靈鷲寺)에 살면서 연경을 읽고 보현보살의 관행법을 닦고 있었다. 뜰의 연못에는 늘 연꽃 두세 송이가 있어 사시로 시들지 않았다는 상서롭고 기이한 일이 있었다. 국왕이 불러 국사로 삼으려 하였으나 도망하였다. 현신한 문수(文殊), 천녀(天女)의 권유로 국사직을 수락하였다.

황룡사(皇龍寺)의 정수(正秀)는 애장왕대에 눈 쌓인 어느 겨울날 한 여자 거지가 아이를 낳고 누워 얼어 죽게 되는 것을 보았다. 그녀를 안아 따뜻하게 하고 옷을 벗어 덮어 주고 벌거벗은 채로 절로 갔다. 경주의 소외된 빈민들에 대한 온정을 대변하는 존재로 정수가 추앙되고 있었다. '황룡사의 중 정수를 마땅히 임금의 스승으로 봉하라'는 하늘의 외침이 궁중의 뜰에 들리었다. 국왕이 그를 국사로 삼았다. 이는 국왕이 계층분화로 나타난 소외 빈민들의 분노를 그들이 추앙하는 국사를 매개로 완충하려는 종교정책의 한 실현이다.

국사는 통일 후 복속지역을 회유하고, 국왕권에 도전하는 자의 증오를 완충한다든가, 소외 빈민들의 분노를 완화하는 매개로서 기능하였다. 그들이 머문 사원은 삼랑사(三郎寺), 실제사(實際寺), 영취사(靈鷲寺), 황룡사(皇龍寺) 등으로 모두 경주 일원을 벗어나지 않는다. 국사는 경주 귀족사회의 여러 모순점을 주로 무마하는 역할을 하였다. 『삼국유사』에서 신라 국사의 역할을 제시하여 일연 자신의 국사로서의 역할을 투영하려하였다. 일연이 지향하는 이상사회는 국왕이 불교를 숭앙하는 불교국가에 국사가 사회적 역할을 수행하는 그런 사회이었다.

## 5. 사상사에서의 위상과 평가

일연은 선종 가지산문 승려로서 출가하였고 그의 비명에도 소속을 '가지산하(迦智山下)'라 뚜렷이 적혀 있어 가지산파 승려로 일관하였다. 가지산문은 굴산문과 함께 선종 여러 산파에서 주류를 형성하였다. 하지만 숙종대부터 굴산문이 부각되고 무신정권기에는 굴산문의 수선결사를 적극적으로 지원하여 가지산문의 존재는 미미하였다. 여기서는 가지산문이 대두하게 되는 과정을 살펴보고 일연의 재건 노력과 주도과정을 살펴서 사상사에서의 위상을 이해하는 배경으로 삼고자 한다. 그리고 동시기 생애를 살다간 수선사의 충지(冲止)와 백련사의 천책(天頙)과의 비교를 통해 일연의 사상적 특징을 살핀다. 마지막으로 일연의 당대는 물론 후대 평가에 대해서도 알아볼 것이다.

고려초 법안종(法眼宗)에 의해 주도된 선종은 현종대 유가종단의 부상으로 지종(智宗)이 거돈사(居頓寺)로 하산한 이후 침체하였다. 숙종대 의천(義天)이 천태학을 통해 선종계를 대부분 흡수하면서 위기는 고조되었다. 이때 6, 7할이 흡수되었다는 표현은 좀 구체적으로 말하자면 가지산문이 크게 위축되는 위기를 말한다. 혜조국사 담진(曇眞)으로 대표되는 굴산문은 의천의 사상통합과 대체로 방향성을 같이 하고 있었다. 의천과 담진은 도송(渡宋)을 비롯한 여러 교류가 확인된다. 학일(學一)이 중심이 된 가지산문의 사상은 혜조국사와 그 계승자의 선교융합적 사상과는 다소 차이가 있었다.

예종대 담진은 마침내 국사로 책봉된다. 선종에서 지종 이후 처음으로 국사를 배출하여 선종이 다시 부흥될 수 있는 분위기를 열었다. 굴산문의 사상은 혜조국사의 선풍으로 조동종을 비롯한 선종계의 수미산파와 천태종, 화엄종과의 사상적 교류가 확인되는 만큼, 포용성을 띤 사상이다. 사상계를 주도하였으며 간화선 유행의 토대를 열었다.

가지산문에는 학일이 등장하여 인종 즉위년에 왕사로 책봉되었다. 학일은 총림 승려들 중 과반이 넘게 천태종에 경속되는 것을 보고 조도(祖道)를 홀로 지켰다. 의천의 권유를 받아들이지 않았다. 1098년(숙종 4) 의천이 홍원사(洪圓寺)에서 원각회(圓覺經) 법회를 열고 부강(副講)으로 초청하였으나 '선(禪)과 강(講)이 교람(交濫)하는 일은 감당할 수 없다'라 하고 참석만 하였다. 1127년 승과 선석 주맹이 되었을 때 이종자기(二種自己)에 대해 '자기란 본시 하나 뿐 이거늘 어찌 둘이겠는가. 이런 이론은 금지되어야 한다' 하였다. 그의 비명에는 '조사 깨우침이 장차 숨으려 하는데 다시 밝힌 것은 오직 사[학일]의 덕이다'라 하여 선종의 위기를 극복한 것으로 표현하여 의천, 담진의 종풍과는 차이가 있다. 하지만 1129년(인종 7) 왕사로서 운문사로 하산하여 '운문사 산문의 융성함이 근고 이래 이 같은 적이 없었다'고 하였다. 가지산문이 위기를 다소 극복하고 다시 결집할 수 있는 근거를 마련한 것이다.

무신집권기 가지산문의 동향을 살필 수 있는 것은 이규보가 남긴 혜문(惠文) 대선사에 관한 기록을 통해서이다. 혜문은 가지산문에서 삭발하고 30살이 넘어 승과에 급제하여 대선사에 이르렀다. 화악사(華岳寺)에 머물고 개경에선 보제사(普濟寺)에 머물면서 법을 전했다. 1232년(고종 19)에 몽골의 침략이 있자 수제자 각선사(覺禪師)가 머무는 운문사로 찾아가서 3년을 지난 뒤 병들어 세상을 떠났다. 이규보를 통해 정권 담당자에 부탁한 일이 있는 것이나, 문도가 두서너 사미뿐이라 쓸쓸하다고 한 점으로 미루어 가지산문의 정황을 짐작할 수 있다.

그 후 운문사(雲門寺)는 김사미난(金沙彌亂)에 휩쓸려 타격을 받았다. 일연은 침체된 가지산문을 부흥하려는 강한 의지를 가지고 있었다. 1277년 국왕의 명으로 운문사에 주석하여 크게 현풍을 천명하였다는 짤막한 비문 내용에서 그 사정을 알 수 있다. 운문사의 경제적 기반을 회복하려는 구체적 노력은 『삼국유사』 의해편 보양이목조에서 신라 때의 사원현황, 고려 태조대의 지원, 각종 사적기에 나타난 시납내역 등에 관해 어느 사원보다도 충실히 자료를 수집하고 관심을 보인 데서 잘 나타난다. 충렬왕은 시를 운문사로 보내 궁궐로 초청하고자 하였다. 1281년 경주 행재소에 초청하고 일연의 불일결사에 입사한다. 이듬해 대전(大殿)에서 설선(說禪)을 듣는다. 궁궐 후원에 소재한 광명사(廣明寺)에 머물게 하고 친히 찾아가 법요를 자문하였다. 1283년 국존으로 책봉하였다. 충렬왕으로서도 이 시기는 정동행성 좌승상, 고려국왕, 부마 등의 지위를 모두 가졌다. 불교계를 대표하는 국존을 모심으로써 원간섭기 고려에서 충렬왕의 지위는 원과의 관계나, 불교계와의 관계 나아가 고려 전체 국왕으로서의 위상이 확고해진다.

일연은 1284년 인각사에 하산하고 '재벽구산문도회'를 열었는데 근고에 없던 성황이었다. 선종계를 승정(僧政)으로 단합하는 대회로 보인다. 고려에서는 불교교단은 유교관료와 같이 관료체제화된 사회였다. 선종계에서는 출가하여 수계하고 득

명한 후 수행을 거쳐 총림에서 뽑힌 뒤에 보제사에서 선발된
다. 최종 광명사에서 승과에 합격하면 승계를 받고 주지나,
승록사 관원 혹은 사찰에서 수행하거나 초청 설선에 응하는
보설(普說)[널리 정법을 설하다는 뜻] 등을 하였다. 선승들을 교육하
고 수행시키거나 승려 관료로 선발하는 등을 동시에 할 수 있
는 승려 대회가 구산문도회라 할 수 있다. 이를 주관한다는
것은 교단과 국가불교 관료 및 선종계의 학적인 전통을 이어
나간다는 의미이다. 후에 인각사에서의 구산도회를 다시 연
서공(諝公)을 '구산의 영수(領袖)'라 표현하였는데 당시 국존과는
다른 의미에서 사상적 위상을 말하는 것이다. 일연은 국존으
로서 뿐만 아니라 바로 구산 선종계 영수로서 위상을 가졌다.

일연의 비음기에는 문도와 단월명단이 나열되어 있는데 소
수이지만 교종계통의 승려도 보인다. 가지산문 외의 여러 산
문 출신의 선승도 있다. 고위 승계자는 물론 승계와 무관하게
고승으로 보이는 산림, 승계를 아직 받지 않은 학승으로서의
지위를 가진 다수의 승려도 보인다. 모두는 아닐 것이지만 상
당수는 구산문도회를 통해 일연 문도로 되었다.

일연과 거의 동시기에 살았던 천책, 충지의 생애와 활동 및
사상적 경향을 비교함으로써 일연의 사상적 성격을 정리한다.
천책은 1206년 출생으로 추정하고 『선문보장록(禪門寶藏錄)』 서
문을 쓴 시기 1293년까지는 생존한 것으로 추정된다. 일연과
는 출생 시기가 같고 입적한 1289년보다 더 오래 생존하였다.

시문집 『호산록』에 실려 있는 동사생(同舍生)[같이 과거공부] 민호(閔昊)에 보낸 답서에서 출신 배경, 출가 동기, 활동 등에 관하여 알 수가 있다. 산양(山陽) 토성(土姓) 신씨 출신으로 삼한 공신 신염달(申厭達)의 후손이다. 이들은 고려초에는 관계에 진출하지 않다가 이후 진출하여 무신정변 전에는 개경의 문벌로 성장하였다. 아버지는 천책이 출가하기 전 1227년에 죽임을 당한 신작정(申作禎)으로 추정된다. 외조는 이충약(李冲若)으로 도교와 천문기술 발전에 기여한 인물이었다. 천책은 18세에 국자감시에 합격하고 20세에 예부시에 급제하였다. 1228년 23세에 원묘국사(圓妙國師)에 출가하였다. 지공거(知貢擧)[과거 고시관]였던 최종재(崔宗梓)의 부탁으로 『연화경』 금사경을 한 계기를 맞아 천태종으로 출가한 듯하고 아버지의 죽음도 영향을 끼친 듯하다. 무신정권기에 개성 없는 나약한 관인 생활과 세속에 실망하여 입산(入山)[출가]한 지식인이다.

출가 후의 수행과 활동은 다음과 같다. 1232년 요세(了世)[원묘국사]가 결성한 보현결사에서 「보현도량기시소(普賢道場起始疏)」를, 1236년 「백련결사문」을, 1237년 「답김경손서(答金景孫書)」를 요세를 대신하여 썼다. 이 시기까지 그는 요세의 결사활동을 보좌하면서 자신의 저술을 남기지 않았다. 1241년에는 강남 영흥산(靈興山) 보현사(普賢社)에 머물고 있었다. 요세가 다섯 곳에서 결사를 성공적으로 일으켰다는 비문의 기록을 감안할 때 「보현도량기시소」를 쓴 1232년에 강화도 천도와 함께 사민입

보책(徙民入保策)이 중앙정부의 대책으로 강제성을 띤 것이었던 점으로 미루어 영흥산 보현사는 입보된 산성이거나 해도의 하나일 것이다. 보현도량은 피난민을 안주시키는 역할을 하였을 것으로 생각되기 때문이다. 보현보살은 실천을 중시하는 특징이 있고, 요세도 참회와 염불에 의한 정토사상을 강조한다는 점에서 전란에 시달린 난민을 안정시킬 수 있었다. 따라서 1241년에 천책은 요세가 1232년에 결사한 영흥산 보현사를 이끌고 있었다. 적어도 1237년에서 1241년 사이에는 천책이 요세의 곁을 떠나 있었다. 1237년 「답김경손서(答金慶孫書)」에서 이연년난(李延年亂)의 미묘한 파장이 백련사에 미쳤다. 요세를 대신하여 답서를 쓴 천책으로서는 이때의 상황을 잘 알고 있었다. 이연년난에는 승려가 가담한 흔적도 있었다.

1244년에 천책은 동백련사의 주맹이 되었다. 1245년에 천인이 만덕산 백련사의 주법이 되어 동·남백련이 성립된다. 1247년 몽골의 침입에 천책은 남해 한 암자에 피신하였던 것 같다. 천책은 3세 원환이 몰한 후 남백련사로 돌아와 4세 주법이 되고 있는데 그 시기는 정확히 알 수 없다.

동백련사를 주도한 천책의 신앙 결사 내용은 어떠했을까. 그가 남긴 문집 『호산록』에서 일면을 추적할 수 있다. 「갑진년다보탑경찬소(甲辰年多寶塔慶讚疏)」에 따르면 1244년 『법화경』의 견다보품에 따라 다보탑을 세워 경찬하였다. 국왕께서 입사하여 인연을 같이하고 재산을 내어 주었다. 동백련사에 다

보탑을 건립하여『법화경』의 내용 일부를 시각화하였다. 작성
시기를 알 수 없지만「권송아미타경원문(勸誦阿彌陀經願文)」에는
'저승의 낙원으로 나아가자면 누구인들 미타교관을 찾아 탐구
하지 않을 수 있겠습니까. 오직 미타경 한 권이 가장 요체가
되는 것입니다. 매달 대재일에 모두 한 곳으로 모여서 팔계(八
戒)를 함께 수계하고 함께 경전을 읽으면서 정토를 찾아갑시
다.'라 하였다. 대재일은 곧 매달 육재일(六齋日)[매달 8 · 14 · 15 ·
23 · 29 · 30일의 6일, 사람마다 몸과 마음을 깨끗이 하는 날]을 의미한
다. 미타정토신앙을 강조하여 구체적 실천 방법으로 육재일에
경전 읽기를 권장한다. 천책은 이장용에게 보낸 답시에서 '처
음『법화경』을 읽고 스승을 찾았고,『법망경(梵網經)』을 지키며
승려로의 길을 걸었네'라 하면서 시주를 붙여 '율회(律會)에 나
간 때부터 30년 동안 매달 초하루 보름과 상현, 하현마다『범
망경』을 읽었다'라 하였다.

　천책은『법화경』을 늘 송경(誦經)하고 조성하여 널리 배포하
고 사경 불사도 하였다. 민호(閔昊)에게 보낸 답서에서 '『묘법
연화경』을 외우고 실천하여 겨를 없을 정도로 힘썼습니다'라
하였다. 임계일(林桂一)에게 보낸 답시의 주에서 '일찍『연화경』
을 만들어 왜와 송에 보낸다'라 하였다. 유경에게 보낸 시서
에서 '함께 연경(蓮經)[연화경] 일천부를 인성(印成)하였고 다시 천
부를 만들어 널리 유통하고자 합니다'라 하였다. 시구에서도
'제가 번뇌하고 있을 때『연화경』에만 몰두하였고 그윽한 곳

에 숨어 살면서 가구(可久)처럼 읊기를 기약했지요'라 하고 시
주(詩註)로 '송나라 승이었던 가구는 늘『법화경』을 외웠던 결
과 정토 왕생하였다'라 하였다. 천책은『법화경』독송,『아미
타경』송경,『범망경』읽기 등을 하였는데,『법화경』에 대한
송경을 가장 중시하고 실천하였다.

천책이 주맹이 되어 활동한 동백련사와 남백련사의 입사층
은 주로 관인층, 호장층이었다. 사주와 입사시를 통한 입사제
명(入社題名)[입사 명단 등록]과 불사시주(佛事施主), 시회(詩會) 참석 등
도 있었다. 백련결사에 동참하면서 자율적인『법화경』독송
조직 곧 상주의 법화도(法華徒), 개경의 법화사(法華社) 등으로 성
립되었다. 천책에 결사시를 보내 백련결사에 입사한 관인층의
활동은 과거급제자로서 주로 문한을 맡았고 왕정복고에 기여
하였다. 원종을 도와 원과의 강화에 참여한 인물이 많고, 또
한 충렬왕의 측근에서 행동한 이력이 두드러진다.

천책의 편집서『해동법화전홍록(海東法華傳弘錄)』에 대해 살펴
그의 사회사상적 성향을 짐작해 본다. 이 편집서는『법화영험
전』에 인용서로서 밝혀진 바와 같이 4권이었다. 서문은 백련
결사에 입사한 임계일에게 부탁하였다. 완성된 시기는 1268년
이다. 현존하는『법화영험전』의 두 배 가량이다.『법화영험전』
에서『해동법화전홍록』전체의 1/10 정도만 인용되었다.『해
동법화전홍록』의 전체 분량은 현존하는 양의 20배도 넘는 대
저(大著)였다. 삼국이래 고려 원종시까지의 법화신앙과 관련한

이적이므로 그때까지 불교사를 재구성할 수 있는 자료이다. 이적은 민중의 신앙 속에 풍부하다. 천책은 몽골과의 항전 기간 민중의 호응과 안정을 얻기 위해 신이한 이적을 강조했다.

천책의 저술로 완전하게 남아 있는 것은 『선문보장록(禪門寶藏錄)』이다. 1293년에 서문을 썼는데 말미에 '해동사문(海東沙門) 내원당(內願堂) 진정대선사(眞靜大禪師) 천책몽차서(天頙蒙且序) 지원삼십년(至元三十年) 계사십일월일야(癸巳十一月日也)'라 하였다. 이 기록을 기준으로 천책은 1206년 생이 되고 88세에 이 책을 찬술하였다. 천태종과 관련된 저술이라기보다 선종에 관한 저술이라는 점에서 천태종 승인 그의 저술이 아니라는 의문이 있다. 하지만 서문과 각 권수마다 '해동사문천책찬(海東沙門天頙撰)'이라 하였다. 충지가 진정통오대선(眞靜通奧大禪)에 보낸 편지에 따르면 90세 백발노인으로 지칭하고, 내원당에서 국왕에 자문한다. 진정통오라는 법호도 사용되어 통오는 선에 능통한 수식어에 불과하다. 그러므로 혼구(混丘)의 저술이 될 수 없으며 산립(山立)의 저술도 될 수 없다.

각 항목마다 인용서목을 밝혀 두었는데 신라말 고려초의 선에 관심을 표명하였다. 송의 임제종과 교류하면서 그 영향을 받은 고려후기 수선사 중심의 선과는 다른 점이 보인다. 천태종이 성립될 당시와는 달리 선종에 접근해 가던 13세기 천태종의 경향을 반영한다.

일연과는 출생이 10년 뒤인 충지의 생애와 활동을 살펴본다. 충지의 생애는 『조계산송광사사고』에 전하는 김훈(金曛)이 찬한 원감국사비명에서 알 수 있다. 1226년 위소(魏紹)를 아버지로 원방대부인(原邦大夫人) 송씨(宋氏)를 어머니로 하여 정안(定安)[장흥]에서 태어났다. 법휘는 법환(法桓)인데 후에 충지(沖止)로 고쳤다. 자호는 복암(宓庵), 속명은 위원개(魏元凱), 탑호는 보명(寶明), 원감국사(圓鑑國師)는 시호이다. 1242년 17세에 사마시에 합격하고 1244년 19세에 예부시에 장원으로 뽑혔다.

영가서기(永嘉書記)[안동 서기]를 역임하고 1254년 29세에 수선사 원오국사 천영(天英)에 출가하였다. 1245년에서 1254년 기간은 최우, 최항 정권기에 해당한다. 최우의 서자 만종, 만전이 출가하여 쌍봉사와 단속사를 중심으로 수 만석을 축적하고 고리로 자본을 운용한다. 만전은 환속하여 최항으로 이름하고 최우를 이어 집정이 되는 시기이다. 무신정권의 부패와 몽골 침입의 참상 등이 출가 동기가 되었을 것이다.

1264년 41세 김해현 감로사(甘露社) 주지가 되었다. 원종의 조지(朝旨)가 있었다. 많은 신자들이 모여들어 성황을 이루었다. 1270년 45세에 정혜사로 이주하였다. 1286년 수선사 6세 사주가 되었다. 이 사이는 1270년 삼별초의 반기로 어수선하였던 때이다. 1273년 탐라에서 삼별초가 완전히 소멸되었다. 1274년 동정군 1차 징발, 1281년 2차 동정군 징발이 있었다. 경상, 전라 지역의 인력과 군량이 일본원정을 위해 동원되던 시기였다. 수선사 역시 동정군을 위해 전토가 징발되었다. 여기서 당시 수선사와 농민들의 실상을 보고 많은 시문과 소문을 남겼다. 또한 선(禪)에도 깊이 몰입한다. 1278년에는 선원사(禪源社)의 단본대장경(丹本大藏經)[거란판 대장경]을 수선사로 옮긴다. 결함된 천여 책 부분을 수집하여 완성하는데 시주와 국가의 도움을 받았다. 선객(禪客)을 모아 90일간 법회를 열었다.

김석(金碩)에게 보낸 시에서 삼별초를 '소구(小寇)'라 간주하였다. 천책이 이녕(李寧)의 시서를 통해 남긴 '미친개가 주인을 향해 짖는다'고 표현한 것이나 일연이 '적난(賊難)'이라 한 것과 상통한다. 동정에 징발되어 피폐한 민의 실상은 1280년 영남간고상, 1283년 민농(憫農)[농민을 연민] 등에서 처절하게 묘사되었다. 전함제작에 장정이 모두 동원되어 노약자만 농사에 종사하게 되고 국용은 빈민에 부담시켜 백성은 풀잎이나 나무 열매로 연명하였다. 평양(平陽)[순천]의 태수에게 보낸 편지에서 관리들 역시 문서 더미 속에서 고달프다고 하였다. 동정에 대해서는 끝내 원의 간섭도 왜구의 해안 침입도 완전히 제거하여 평화스러운 성세가 도래하게 될 것이라는 염원을 동정송(東征頌)에 담았다. 그리고 영남간고상 시의 말미에 '제(帝)의 덕은 푸른 하늘을 덮었고 황제의 밝음은 백일(白日) 같구나. 어리석은 백성은 진실로 기다리니 성택은 베풀어 지리라 삼한 안에서 보겠네. 집집마다 베개 높이고 잠잘 수 있기를'이라 하여 이 모든 고난의 해결은 원황제의 성택(聖澤)[성스러운 은혜로운 혜택]에 있다고 하였다. 일연이『삼국유사』에서 신라의 불교 문화재가 파괴되는 참상에 대해 원의 책임을 묻지 않고, '말계(末季)'라 말하고 원을 '대조(大朝)'라 한 것과 상통한다.

당시 원에 대한 원망을 공개적으로 할 수 없었던 분위기는 『고려사』 열전 박항(朴恒)과 김방경(金方慶)에서 잘 알 수 있다. 박항은 몽골의 춘주(春州) 침입에 부모를 잃고 수소문하였으나 끝내 찾지 못한 아픔을 갖고 있었다. 원 세조의 일본정벌 계획시 흔도(忻都)를 원수(元帥)로 홍다구를 우승(右丞)으로 삼아서 보내어 감독 횡포함에 왕[충렬왕]으로 하여금 황제에게 장계를 올려 사정을 보고하여 왕을 좌승상(左丞相), 김방경을 정동도원수(征東都元帥)로 임명하여 횡포에 대응하도록 하고 기밀과 물자 공급을 잘하도록 활약하였다. 김방경은 동정[일본 원정]에 공을 세웠음에도 원에 반역한다는 참소에 따라 홍다구로부터 참혹한 문초를 받았다. 왕이 전시(殿試)[왕이 주관하는 과거]를 주관하려 하자 이지저(李芝氏)가 '본국 사람 가운데 원나라에 참소하는 자가 많다'라는 말로 반대한 사실은 당시 분위기를 보여준다. 원 간섭기에 시문(詩文)을 통해 원에 대한 비난을 공개적으로 남기지 않은 이유가 된다.

충지는 수선사의 6세로서 지눌의 선사상을 계승하였지만 혜조국사 담진(曇眞)의 사상을 강조한 측면도 보인다. 「정혜입원축법수소(定慧入元祝法壽疏)」에서 정혜사는 혜조국사가 창건한 것이라 하고, 「혜조국사제문(慧照國師祭文)」에서는 정인(淨因)의 진수(眞髓)를 얻고 동토(東土)로 돌아오니 교화가 한 시대에 두루

미쳤다고 하였다. 충지는 '남기신 발자취를 이어 자비의 음덕을 입기를 바란다'고 하였다. 지눌, 혜심 단계에서 언급하지 않은 혜조국사의 선풍을 다시 계승하였다.

혜조국사는 단편적 기록에 의하면 법명은 담진(曇眞)이며 1107년(예종 2)에 왕사로 1114년(예종 9)에 국사로 책봉된 인물이다. 그는 예종시에 왕명으로 송에 가서 거란대장경 3부를 구입하였다. 「좌선의궤배발등사(坐禪儀軌排鉢等事)」라는 전적도 가져왔으며, 송승 정인(淨因)과 교류하였다. 담진이 얻어 온 '정인수(淨因髓)[정인 스님의 사상 골수]'는 넓은 의미로 정인사(淨因寺)의 선풍이라고 할 수 있다. 부산법원(浮山法遠)-대각회련(大覺懷璉)-정인도진(淨因道臻)으로 이어지는 선풍 즉 당시 유행하던 조동종풍을 포함한 다양한 선풍을 수용하고 유교와의 융합도 모색한 습합절충적(習合折衷的) 사상을 특징으로 한다. 담진의 선풍은 탄력적 성격을 가지고 있었다고 짐작된다. 귀국 후 국왕 및 왕실, 그리고 고위 관료들과 교유한 귀족 성향이 있으며, 이른바 거사불교와 상호 교류가 활발했다.

최충헌 정권의 성립과 함께 명종의 폐위, 그리고 혜조국사 제자 조응의 용문사 등도 위축되었다. 무신정권이 종식되고 충렬왕대에 충지는 가지산문 계열의 대두를 염두에 두고 다시 혜조국사의 사상을 추모하여 왕권과의 관련을 맺는다. 탄력적인 사상을 다시 이으려 하였다.

천책, 충지 등의 생애와 현실대응, 사상적 경향 등과 비교하면 일연의 사상적 위치를 자리매김하는데 도움이 될 것이다. 일연은 원래 승려로 출발했고 향리층 출신이지만, 천책과 충지는 모두 문벌출신이며 과거 최종고시에 합격하고 출가하였다. 과거출신인 관계로 중앙 관인층과 시를 통한 교류가 많았다. 무신정권에 대해서는 모두 비판적이었고, 삼별초에 대해서도 그러한 생각을 가졌다. 왕정복고를 환영하고 원종에 의해 발탁되는 면모를 보였다.

현실인식에 대해서는 천책은 무신정권에 대한 비판은 일부 보이지만 몽골간섭기에는 은둔하고 침묵한 것으로 보인다. 『해동법화전홍록』을 통해 이적을 강조하여 민에 대한 호응을 구하였다. 충지는 동정군의 징발에 따른 피폐상을 시를 통해 처절하게 그려내면서도 원 황제의 성택으로 해결되기를 기대하였다. 일연은 『삼국유사』 탑상편에서 몽골침입으로 파괴된 신라 불교유적의 참상을 지적하였지만, 동정군과 관련된 민의 현실에 대한 글은 없다. 다만 관음신앙과 다라니 신앙을 강조하여 민에 대한 구원을 제시하였다.

교단 사상적인 측면에서 살피면, 천책은 천태종 승려로서 법화신앙을 고수하고 『선문보장록』에 반영된 선 사상은 천태종에서 우리나라 초기 선종에 관심을 가지고 접근하는 경향을 보였다. 충지는 고려중기 혜조국사의 여러 선사상과 유교까지 포용하는 탄력적인 경향을 계승하였다. 일연은 선 사상을 고수하면서도 조동선에도 관심을 가진다. 그 묘용이 무궁하고

'화상문풍 광대실비(和尙門風 廣大實備)'하다고 할 정도로 포용성을 보인다. 주관한 구산문도회를 통해 여러 선파와 심지어 교종에서도 문도로 합류한다. 모두 사상적으로 편협하지 않았던 시대적 경향을 읽을 수 있었다.

이제 마무리 단계에서 일연에 대한 평을 정리한다. 당대의 평가는 물론 근현대의 평가도 아울러 살펴본다. 평자의 주관성이 반영되며 그 주관성은 시대적 상황과도 연관될 수 있다. 비명을 작성한 민지는 지제고 지판도사의 직책에 있었다. 일연의 문도 운문사 주지 대선사 청분이 작성한 일연의 행적을 국왕에 보고한다. 국왕 충렬왕이 민지에게 지을 것을 명한다. '학식이 거칠고 얕아 그 지극한 덕을 빛나게 드러내지 못하여 수년을 고심하며 서와 명을 지었다'고 하였다. 민지는 원종대 장원급제자로서 이름이 있었고, 충렬왕이 세자시절 원에 호종하였다. 『세대편년절요』, 『본조편년강목』 등 역사서와 일연비를 작성한 이후 불교관련 사적을 많이 저술하였다. 법희거사(法喜居士)라 할 만큼 불교신앙에 대한 이해가 깊었다.

비문 서(序)에서는 일연은 '말씀에 희롱과 해학이 없었고, 본성이 꾸밈이 없었다. 진정으로 사물을 대하고 무리 가운데 있어도 홀로 있는 듯 행동하였으며 존귀한 지위에 있어도 낮은 곳에 있는 듯하였다. 학을 공부함에 있어서는 스스로 통효하고 어디에서나 사물을 이롭게 하고 그 미묘한 쓰임이 종횡하였다. 어머니를 모심에 순효(純孝)로 하였다'고 하였다. 사람을 가르침에 게으르지 않았다. 마산 역리의 꿈을 빌어 '담무갈보살(曇無竭菩薩)'로 인식되었다. 그 관점은 몸가짐과 다른 사람을 이롭게 한다는 견지에서였다. 담무갈보살은 법기보살(法起菩薩)로도 칭해지는데 금강산(金剛山)에 상주하면서 늘 설법한다. 『화엄경』에 근거한다. 고려후기 노영(盧英)이 그린 그림에 고려 태조가 금강산에서 법기보살에 예배하는 모습이 있다. 금강산 신앙과 고려 태조의 신앙이 담긴 보살이다. 끊임없이 반야[지혜]를 설법하고 국왕의 예배를 받는다는 의미에서 나온 것이다.

죽음을 노래한 명(銘)에서는 '오직 국사께서 세상에 출현한 것은, 본래 남을 이롭게 하고자 함이다. 학문은 내외를 다 궁구했고, 이를 실천하기에 만 가지 방편으로 부응했다. 제자 백가를 환히 알아서, 깊은 이치와 현묘한 법을 찾았다. 많은 의문을 쪼개어 풀어냄이, 맑은 거울에 비추는 바와 같았다. 선림(禪林)에서는 호랑이의 부르짖음이며 교해(敎海)에서는 용의 소리'라 평하였다. 남을 이롭게 하고 실천하는데 만 가지 방편으로 하였으며, 선교(禪敎)에 다 능하고 해박하였다는 의미였다.

비음기를 쓴 산립은 본래 문도에 나아가지 못했다. 운문사 주지 이며 통오진정대선사라는 법호를 쓴다. 바로 청분과 같은 사람으로 보기도 한다. 하지만 비음기는 비양과 같은 왕희지 집자로 같은 시기에 작성된 점을 보아 행장을 국왕에 올린 청분이 그 비음기를 쓴 것 같지는 않다. 비음기에서 일연의 마지막에 관해서 '행장을 살펴보니'라는 어구가 있어 산립 자

신이 행장을 쓴 것이라면 이 같은 표현을 사용했을 리가 없
다. 산립은 또한 충지가 교유하여 시문을 보낸 '보림입공(寶林
立公)[보림사의 산립]'일 가능성도 있어 청분으로 보기는 어렵다.
산립은 '화상의 문풍은 넓고 커서 다 갖추었기 때문에 가늠하
여 생각할 수 없다' 는 말로 총평하였다. 민지가 한 평과 크게
다르지 않았다.

이승휴(李承休)는 고종대에 급제하여 유경과 이장용의 천거
로 벼슬을 시작한다. 원에 사신으로 가서 한림학사 후우현(侯
友賢)과 교유하여 이름을 떨쳤다. 안렴사로 활동하다가 너무
강직하여 좌천된 적도 있다. 충렬왕의 수렵과 방탕을 간언하
다가 파직된 후 은거하여 동안거사(動安居士)라 자호(自號)하고『제
왕운기(帝王韻紀)』, 『내전록(內典錄)』, 『빈왕록(賓王錄)』 등을 지었
다. 1224년에 태어나 1300년에 졸하였다. 『내전록』은 불교경
전 목록으로 추정되는 만큼, 그는 불교 교학에 깊은 지식을
가진 인물이다. 일연과 거의 동시에 살았다.

이장용과 유경 두 영공의 시에 차운한 이승휴의 시서(詩序)
에 따르면, '선문(禪門)의 운사(韻士) 견명(見明)이 남쪽 지방에서
그 발자취를 구름에 두고 말소리를 빗속에 섞어 산지 20여 년
이다. 임금께서 불러들여 지금 불화사(佛和寺)에 머물고 있는
데, 경원군 시중 이장용과 시녕군 평장사 유경께서 말고삐를
나란히 길을 잡아 나갈세, 유공이 먼저 부르면 이공(李公)[이장
용]이 화답하니 명공(明公)[견명 곧 일연]이 더불어 좇아 놀았다' 고

하였다. 1261년 원종의 조서를 받고 강화경(江華京)에 이르러 선월사에서 개당할 때이다. 견명은 만년에 일연으로 바꾸기 전의 법명이다. 이승휴는 일연을 '선문의 운사'로 평하였다. 단순히 시를 잘 짓는 선종의 승려라는 평가였다. 시를 잘 짓는 승려라는 점은 『삼국유사』 속에 남긴 많은 찬시(贊詩)에서 짐작된다.

고려 당대이지만 일연 사후 그의 제자 혼구의 비명을 작성한 이제현(李齊賢)은 혼구의 일대기를 기술하면서 일연을 간단히 평한다. 이제현은 1287년에 태어나 1367년에 사거(死去)[죽음]하였다. 이진(李瑱)의 아들로 태어나 과거에 급제하고 1314년 충선왕의 부름으로 연경(燕京)의 만권당에서 원 학자와 교류한다. 충선왕을 시종하여 원 내륙을 여행할 기회가 몇 차례 있어 식견을 넓혔다. 고려에서 관직 생활을 하는 동안 원이 고려를 입성(立省)[고려가 원의 성으로 들어가는 것]하라는 논의를 반대하였고, 재상의 지위에 올랐다. 『본조편년강목』을 증수하였고, 만년에 국사를 편찬하는 일에 몰두하였다. 성리학에만 경도되지 않아 불교 관련 사비, 고승비명 등을 남겼다. 그의 저술은 『익재집』으로 남았다. 이색은 이제현을 '도덕의 으뜸, 문학의 종장(宗匠)'으로 평하며 문장력을 높이 기렸다.

일연에 대한 평은 혼구에 대한 비 서문의 첫머리와 명에서 볼 수 있다. '근세의 큰 비구로서 부처의 도를 밝혀 후학을 계도한 이는 보각국존인데, 그의 문도가 대개 수백 수천이지만

능히 어려운 도를 뚫고 깊은 이치를 파악하여 묘계(妙契)가 줄
탁(啐啄)한 이는 오직 보감국사(寶鑑國師)가 그런 사람이다'라 하
였다. 명에서는 '거룩한 저 심종(心宗)[선종]이 바다를 건너 동으
로 와, 아홉 종파가 되었는데 도의스님이 제일이며 끊임없이
이어받아 대마다 철인이 났다. 바른 길을 지키고 잘못을 고치
기로는 운문사의 학일(學一)이며, 널리 배우고 독실한 실천을
한 스님은 인각사의 견명[일연]이다. 드러난 감지(鑑知)스님[혼구]
은 그 적통을 받았다'라 하였다. 이제현은 한 세대 뒤 문인으
로서 일연의 제자[혼구]를 평하면서 일연을 '널리 배우고 독실
한 실천을 한 스님'이라 하였다. 혼구의 행장이나 불교계에
전해 오는 세평(世評)을 바탕으로 이러한 평을 남겼을 것이다.

조선시기에는 고려 고승에 대한 인식은 거의 없었다. 안정
복은 『삼국유사』를 평하여 "그 책은 원래 불교의 원류를 위해
지은 것이기 때문에 간혹 연대를 참고할 것은 있으나, 전혀
허탄한 이야기로만 되어 있다. 본조에서 『통감(通鑑)』을 지을
때 많이 취록을 했고, 『여지승람(輿地勝覽)』의 지명도 또한 이에
많이 따랐다. 슬프다. 이 책이 다만 이류(異流)의 괴설(怪說)뿐인
데 능히 뒤에까지 전해지고 있다."라 했다. 이규경(李圭景)도
일연의 저술 『삼국유사』에 대해서는 황탄(荒誕)하다는 평을 하
였다.

하지만 근세 최남선(崔南善)은 고전으로서 『삼국유사』를 활
자화하고 해제를 쓰고 비명도 소개한다. 고전으로서의 가치를

알리려 하였다. 일본인 학자 누리키아 가이텐은『조선선교사
(朝鮮禪敎史)』에서 '일연은 제학(諸學)에 통하였고 저서가 많은
홍학(鴻學)을 보여주지만, 사상과 신앙 두 가지가 모두 순수하
지 못하고 가지산문의 현풍을 떨치기에 부족하다' 하였다.

민영규 교수는 일연의 임종 직전의 선문답과『중편조동오
위』를 검토하여 일연사상의 특징이 경초선(莖草禪)에 있다는 견
해를 폈다. 경초는 마소가 씹는 꼴을 가리킨다. 임종전 대화
에서 제자 하나가 묻는다. 선생이 돌아가시면 소용되실 물건
이 무엇입니까? 선생의 대답. 그럴 것까지야 없지. 이 대화는
남천(南泉) 스님의 임종시 제자가 죽어서 가실 곳이 어디냐는
말에 내가 죽어서 갈 곳은 저 산 아래 단월의 소가 되는 길이
다는 실천 세계를 경초선으로 승화시킨 것이다. 이로써 복무
노역(服務勞役)과 사회봉사가 출가승으로서의 일연의 비원(悲願)
이라 하였다.

그리고 일연은『삼국유사』흥법편 이하의 내용을 다루는
솜씨는 과도하다 할 만큼 강인하게 모든 문제를 본지수적사상
(本地垂迹思想)[불·보살이 중생을 교화하기 위하여 방편으로 다른 신명한 몸
으로 나타내는 것]으로 귀결시켜놓고 있다고 하였다. 또한 인용
된 전거가 과부족 없이 정복하여 철저한 실증벽(實證癖)을 보였
다고 하였다.

일연의 사상을 학술적으로 깊이 연구한 채상식 교수는 '일
연이 평생 표방한 선사상은 간화선(看話禪)으로 일관하였다'고

하고 '다양한 불교를 수용한 것은 방편이었다' 하였다. 체(體)[본질]에 해당하는 선사상, 상(相)[현상]을 보여주는 교학, 밀교, 유학 및 제자백가, 용(用)[응용]으로 보이는 신앙 등으로 분류할 수 있지만, 궁극적으로는 통합적 관점에서 보아야 한다고 하였다.

이상 제가의 평가는 일연사상의 특징을 파악하려는 시도였다. 그 바탕에 흐르는 것은 일연의 사상은 당대의 복합적인 많은 현실문제를 풀어나가는데 필요한 '생각의 힘'으로 작용하였다는 점이다.

**책을 마치며**

　지금까지 일연의 생애와 그 사상을 종합하여 살펴보았다. 일연이 살았던 시대 배경과 교단의 운영상에서 그 삶을 살피려 하였다. 그의 사상도 그가 행적으로 남긴 비명 기록과 저술 『삼국유사』를 중심으로 고려후기를 시대배경으로 살아간 한 고승의 인식과 시각으로 그 생각을 읽으려 하였다. 무신집권기와 몽골항쟁기, 몽골간섭기를 살아낸 일연의 '생각의 힘'이 무엇인지 풀어 보려고 하였다.

　일연은 장산군 출신으로 승과에 합격하여 국존에 이른 고급승려였다. 유교관료체제와 불교교단체제가 병립한 사회구조에서 보면 그는 최고 지식인이자 고려사회를 이끄는 인물로서 역할을 하는 위치에 있었다.

　비슬산 보당암에서 주석한 이후 여러 암자를 거치며 수행한다. 1249년 남해 정림사로 가서 대장경 사업에 참여할 때까지 22년간은 선에 몰두하고 여러 사상적 접촉을 통해 사상적 숙성을 이룬다. 1258년 최씨 무신정권이 붕괴된 뒤 즉위한 원종에 발탁되어 1261년 대선사로서 선월사에 주석한다. 김준의 집권이 강화되자 1264년부터 1277년까지는 오어사, 인홍사, 운해사 등에서 사원 재건과 대장경 정비 등에 기여하였다. 1268년 김준이 격살되고 임연이 집권하였으나 1270년 임연이 죽는다. 삼별초의 반기, 진압, 1274년 동정[일본 정벌]을 위한 배를 만들고 병사를 동원하는 등의 어려움이 있었다.

1277년 운문사에 주석하면서 충렬왕의 숭경을 받았다. 1281년 동도[경주]에서 충렬왕은 일연을 초청하여 불일결사에 입사하였다. 1282년 궁궐로 초빙받아 설법하였고 1283년 국사에 책봉되었다. 1284년 인각사로 하산한다. 구산문도회를 열어 교단의 정비에 힘을 쏟았고 1289년에 시멸하였다. 1281년 2차 동정으로 민에게는 극한의 고통이 가해졌다. 1284년에 3차 동정 준비도 있었으나 중단되었다. 1270년에서 일연이 시멸할 때까지는 삼별초난, 몽골간섭, 동정에 동원된 민의 고통이 극심했다. 집권층은 원에 대해서는 동정을 위한 인적 물적 부담을 최소화하는 데 총력을 기울였고, 아울러 민을 위무하는데 불교계 나름의 노력이 경주되도록 하였다. 원은 고려에 대해서는 간섭체제로 전환하기 위해 인적 지배망을 구축하고 분열을 책동하고, 그리고 인적 물적 자원을 최대한으로 수탈하기 위해 강제하였다.

일연의 생각을 읽을 수 있는 남아 있는 유일의 저술은 『삼국유사』이다. 신라 역사에 대해 설화를 중심으로 서술한다. 불교사는 주로 불교설화로 전개하고 논평, 찬으로 견해를 표명하였다. 탑상편은 13세기 후반 고려사회의 불교유적을 답사하고 남긴 자료로서 당시 상황을 알 수 있다. 일연이 꿈꾸는 이상사회의 모습을 짐작할 수 있다.

고조선을 국가의 연원으로 단군을 시조신으로 하고 정치사와 불교사를 아우른 신이사관으로 역사를 인식하였다. 이러한 역사인식을 바탕으로 내부결속을 강조하고 몽골간섭의 현실을 이겨내고자 하였다.

전후소장사리조에서 불교성물 불아와 간자 등을 가져와 국왕의 첨경을 통해 불교국가의 모습을 그렸다. 불아의 전래와 보존을 설명하면서 삼별초난을 적난으로 보아 비판적이었고 왕정복고를 강조하였다. 불교유적의 파괴 참상을 언급하면서도 원을 대조라 하고 참상을 말계의 현상으로 보아 원에 대한 원망을 드러내지 않고 있다. 민에 대한 구제는 관음을 중심으로 다라니신앙으로 극복하고자 하였다. 일연은 고려중기를 신라와 중국에서 불교가 전승되어 재정비된 사회로 본다. 특히 예종대의 불아 전승과 첨경, 미륵불 손가락 마디 간자를 예경한 시기를 그 정점으로 보았다. 『삼국유사』에서 신라에서의 국사의 역할을 제시하고 국사로서의 일연 자신의 역할을 투영하려 하였다. 일연이 지향하는 이상사회는 국왕이 불교를 숭앙하는 불교국가에 국사가 사회적 역할을 다하는 왕조사회이었다.

일연은 선 사상을 고수하면서도 조동선, 운문선 등에도 관심을 가진다. 그 묘용이 무궁하고 광대실비(廣大實備) 하다고 할 정도로 포용성을 보여 주관한 구산문도회를 통해 여러 선파와 심지어 교종에서도 문도로 합류한다. 신앙에서도 관음신앙을 중심으로 여러 불보살신앙을 강조하였다.

일연은 당대에 실천과 이타행(利他行)의 견지에서 담무갈보살로 칭해졌고, 선문의 운사로서 시인으로 높이 평가되었다. 널리 배우고 실천을 독실하게 한 승려로 존숭된다. 큰 비구로 구산의 영수로 사상계의 거목으로 인식되었다. 일연은 고려후기 당면한 여러 어려움을 견디는데 유연한 사상가로서 성격을 드러낸다. 일연의 사상은 임제종을 수용하여 경직된 사상적 경향 이전의 고려 사상계의 다양성과 포용성, 그리고 사회성을 보여주었다.

한 인물을 깊이 이해하면 그 사회 그리고 역사와 연결될 수 있다. '일연과 그의 시대'로 책 제목을 붙인 이유이다. 무신정권, 몽골침입과 간섭기에 치열하게 살았던 일연의 삶을 돌아보면서 오늘의 시대 상황에서 지향할 바를 생각해 보는 계기가 되기를 기대한다.

# 일연 연표

| | | |
|---|---|---|
| 1206년(희종 2) | 1세 | 6월 장산군(鄣山郡)에서 출생 |
| 1214년(고종 1) | 9세 | 해양(海陽) 무량사(無量寺)에서 수학 |
| 1219년(고종 6) | 14세 | 진전사 대웅(大雄) 장노에게서 체발, 구족계 수계 |
| ?년 | ?세 | 선사 유력, 구산사선(九山四選) 수석 |
| 1227년(고종 14) | 22세 | 개경 광명사(廣明寺) 선불장 상상과 합격. 포산 보당암(寶幢庵) 주석 |
| 1236년(고종 23) | 31세 | 포산 묘문암(妙門庵), 무주암(無住庵) 주석. 득도 |
| 1237년(고종 24) | 32세 | 삼중대사 |
| 1246년(고종 33) | 41세 | 선사 |
| 1249년(고종 36) | 44세 | 정안(鄭晏)이 남해 사제(私第)를 정림사(定林社)로 하여 초청 주석 |
| 1256년(고종 43) | 51세 | 길상암(吉祥庵)에서 『중편조동오위(重編曹洞五位)』 편수 |
| 1259년(고종 46) | 54세 | 대선사 |
| 1260년(원종 1) | 55세 | 『중편조동오위』 초간 |
| 1261년(원종 2) | 56세 | 조서 받고 강화경 선월사(禪月社) 주석, 개당, 지눌(知訥) 요사(遙嗣) |
| 1264년(원종 5) | 59세 | 남환 오어사(吾魚寺) 우거 |

| ?년 | ?세 | 인홍사(仁弘社) 주석 |
|---|---|---|
| 1268년(원종 9) | 63세 | 왕명으로 운해사(雲海寺) 대장낙성회 주맹 |
| 1275년(충렬왕 1) | 70세 | 인홍사 수리 인흥사(仁興社)로 개액, 용천사(湧泉寺) 중즙 불일사(佛日社)로 함 |
| 1277년(충렬왕 3) | 72세 | 왕명으로 운문사(雲門寺) 주지 |
| 1278년(충렬왕 4) | 73세 | 인흥사에서 『歷代年表』 간행 |
| 1281년(충렬왕 7) | 78세 | 충렬왕의 부름으로 동도(東都) 행재소(行在所)에 이름 |
| 1282년(충렬왕 8) | 79세 | 개경 광명사(廣明寺)에 머뭄 충렬왕(忠烈王)에 법요 자문 |
| 1283년(충렬왕 9) | 80세 | 국존 책봉, 대내(大內)에서 국왕이 구의례(摳衣禮) 행함 |
| 1284년(충렬왕 10) | 81세 | 인각사(麟角寺) 하안지지(下安之地) 선정 |
| ?년 | ?세 | 구산문도회(九山門都會) 재벽(再闢), 『삼국유사』 집필 |
| 1289년(충렬왕 15) | 86세 | 시멸(示滅) |
| 1295년(충렬왕 21) | | 왕명으로 보각국존비명(普覺國尊碑銘) 건립 |

# 사진목록과 출처

〈사진 1. **일연승탑**〉 불교중앙박물관, 기획특별전 인각사와 삼국유사, 2013, 97쪽 사진

〈사진 2. **일연승탑명**〉 불교중앙박물관, 기획특별전 인각사와 삼국유사, 2013, 98쪽 사진

〈사진 3. **일연승탑명문탁본**〉 불교중앙박물관, 기획특별전 인각사와 삼국유사, 2013, 98쪽 사진

〈사진 4. **일연비 각자부분**〉 불교중앙박물관, 기획특별전 인각사와 삼국유사, 2013, 87쪽 사진

〈사진 5. **정문연 소장 비첩부분**〉 정문연 소장 일연비첩 영인본 복사본 촬영

〈사진 6. **일연비음기탁본부분**〉 중앙승가대학 불교사학연구소 편, 인각사보각국사비첩, 1992, 167쪽 사진.

〈사진 7. **보각국사비 복원탁본(인각사 일연선사생애관)**〉 인각사 일연선사 생애관에서 직접 촬영

〈사진 8. **인각사복원일연비 앞면**〉 불교중앙박물관, 기획특별전 인각사와 삼국유사, 2013, 88쪽 사진

〈사진 9. **진전사지**〉 직접 촬영

〈사진 10. **진전사지 도의승탑**〉 직접 촬영

〈사진 11. **낙산사 홍련암**〉 직접 촬영

〈사진 12. 비슬산 천왕봉 정상부〉 직접 촬영

〈사진 13. 천왕봉정상부어골문기와편〉 직접 촬영

〈사진 14. 비슬산 대견사〉 직접 촬영

〈사진 15. 비슬산 대견사지〉 달성군, 2010~2014 대견사 중창백서, 2014, 053쪽

〈사진 16. 대견불만명 기와편〉 불교문화재연구소, 달성 용리사지 1차 시발굴조사 현장설명회 자료집, 2018.10. 21쪽 사진

〈사진 17. 대견불만명 탁본〉 불교문화재연구소, 달성 용리사지 1차 시발굴조사 현장설명회 자료집, 2018.10. 24쪽 사진

〈사진 18. 비슬산도성암〉 직접 촬영

〈사진 19. 도성암에서 본 천왕봉〉 직접 촬영

〈사진 20. 비슬산도통암 추정〉 직접 촬영

〈사진 21. 비슬산 암괴〉 2010~2014 대견사 중창백서, 달성군 296쪽 사진

〈사진 22. 인흥사지(남평문씨세거지)〉 직접 촬영

〈사진 23. 인흥사지 어골문와편〉 직접 촬영

〈사진 24. 인흥사지 삼층석탑(경북대 월파원 이전)〉 경북대박물관전시도록

〈사진 25. 용천사(불일사)〉 직접 촬영

〈사진 26. 용천사 용천〉 직접 촬영

〈사진 27. 인각사 전경〉 불교중앙박물관, 기획특별전 인각사와 삼국유사, 2013, 17쪽 사진

〈사진28. 인각사 석재〉 불교중앙박물관, 기획특별전 인각사와 삼국유사, 2013, 106쪽 사진

〈사진 29. 인각사지 막새와〉 직접 촬영

〈사진 30. 인각사 출토 청동유물〉 불교중앙박물관, 기획특별전 인각사와 삼국유사, 2013, 38쪽 사진

〈사진 31. 중편조동오위 서부분〉 민영규 집교, 일연의 중편조동오위 2권과 그 일본중간본 상, 인문과학 32, 연세대학교 인문과학연구소, 1974, 305쪽 사진

⟨사진 32. **삼국유사 일연찬 부분**⟩ 범어사 소장 삼국유사 권4,5 영인 판매본 촬영

⟨사진 33. **전후소장사리 무극기**⟩ 대한불교조계종 인각사 일연학연구소, 삼국유사 영인본, 불기2547년 7월 본 촬영

⟨사진 34. **발연수석기 무극기**⟩ 범어사 소장 삼국유사 권4,5 영인 판매본 촬영

⟨사진 35. **삼국유사 파른본 기이**⟩ 연세대학교 박물관, 파른본 삼국유사, 2016, 32쪽 사진

⟨사진 36. **삼국유사 효선편**⟩ 대한불교조계종 인각사 일연학연구소, 삼국유사 영인본, 불기2547년 7월 본 촬영

⟨사진 37. **삼국유사 가섭불연좌석**⟩ 대한불교조계종 인각사 일연학연구소, 삼국유사 영인본, 불기2547년 7월 본 촬영

⟨사진 38. **복원일연비음기 문도 대선사**⟩ 인각사보각국사비첩 영인 역주, 대한불교조계종제10교구인각사, 2008, 41쪽 사진

⟨사진 39. **대동금석서 보감국사비부분**⟩ 국립중앙박물관 유리원판사진 300245

⟨사진 40. **삼국유사 원효불기**⟩ 대한불교조계종 인각사 일연학연구소, 삼국유사 영인본, 불기2547년 7월 본 촬영

⟨사진 41. **황룡사지 전경**⟩ 국립경주박물관, 특별전 황룡사, 2018, 33쪽 사진

⟨사진 42. **황룡사지 탑지**⟩ 국립경주박물관, 특별전 황룡사, 2018, 157쪽 사진

⟨사진 43. **황룡사지 심초석**⟩ 국립경주박물관, 특별전 황룡사, 2018, 116쪽 사진

⟨사진 44. **동화사 금당암(진표 간자 보관지 추정)**⟩ 직접 촬영

# 참고문헌

자료

『三國遺事 王曆 第一, 卷第一, 卷第二』(파른본 삼국유사,『파른본 삼국유사
교감』영인 수록)

『三國遺事 卷第二』(泥山南氏家藏)

『三國遺事 卷第四, 卷第五』(梵魚寺本)

『三國遺事 卷第一之二』·『三國遺事 卷第三之五』(대한불교조계종 인각사·일
연학연구소, 조종업본, 범어사본, 순암수택본 합본)

『三國遺事』(中宗壬申本, 이동환 교감,『교감 삼국유사』부록 영인)

『三國遺事』(고려대 중앙도서관(만송문고) 소장 목판본,『교점 삼국유사』부
록 영인)

『三國遺事』(경상북도 교감목판본, http://samgukyusa-woodblocks.kr/book/revision/
list.do)

『重編曹洞五位』卷上·中(『人文科學』31·32, 연세대인문과학연구소, 1974,
6·12 영인 수록)

『高麗史』

『高麗史節要』

『太宗實錄』

『世宗實錄地理志』

『破閑集』

『補閑集』

『東國李相國集』

『益齋亂藁』

『東文選』

『韓國文集叢刊』

『韓國金石全文』

『韓國佛教全書』

『大正新修大藏經』

『新增東國輿地勝覽』

『大丘邑誌』


교감 · 역주

『三國遺事』(五卷)(高楠順次郞 編輯, 『大正新修大藏經』 第49卷 史傳部1, 大藏出版株式會社, 1927, 1921년 조선중종간본 교감 활자화).

최남선 편, 『增補 三國遺事』, 민중서관, 1973(5판).

監修 李丙燾 校勘 李東歡, 『校勘 三國遺事』, 民族文化推進會, 1982(修正參版).

三品彰英 遺撰, 『三國遺事考証』 上 · 中, 塙書房, 東京, 1979.

『三國遺事』(五卷)(『韓國佛教全書』 第六冊 高麗時代篇 三, 東國大出版部, 1984, 254~369쪽, 조선중종간본과 10종 교감본 대교 활자화).

村上四男 撰, 『三國遺事考証』 下之一~下之三, 塙書房, 東京, 1994.

『重編曹洞五位』(三卷)(『韓國佛教全書』 第六冊 高麗時代篇 三, 東國大出版部, 1984, 216~244쪽).

『首楞嚴經環解刪補記』 卷上 · 下(『韓國佛教全書』 第六冊 高麗時代篇 三, 東國大出版部, 1984, 418~469쪽).

하정룡 · 이근직, 『삼국유사 교감연구』, 신서원, 1997.

류부현, 『삼국유사의 교감학적 연구』, 한국학술정보, 2007.

최광식·박대재,『點校 三國遺事』, 고려대학교출판부, 2009.

연세대학교박물관,『파른본 삼국유사 교감』, 도서출판 혜안, 2016.

권상로 옮김,『삼국유사』, 동서문화사, 2007(『퇴경당전서』 권9, 퇴경당권상
로박사전서간행위원회, 1990).

리상호 번역,『삼국유사』, 과학원출판사, 1959.

이병도,『증보역주 삼국유사』, 광조출판사, 1972.

이가원 역,『三國遺事新譯』, 太學社, 1991.

이동환 옮김,『삼국유사』, 장락, 1994.

김원중 옮김,『삼국유사』, 을유문화사, 2002.

강인구, 김두진, 김상현, 장충식, 황패강,『역주 삼국유사』, 이회문화사, 2002.

이재호 옮김,『삼국유사』 1~2, 솔, 2008.

최광식, 박대재 역주,『삼국유사』 1~3, 고려대학교출판부, 2014.

문경현,『역주 삼국유사』, 민속원, 2015.

新羅史研究會,『三國遺事』 譯註(1)~(10)(新羅史研究會(代表武田幸男)의 共同研
究成果),『韓國朝鮮文化研究』 제1호~제10호, 研究紀要 東京大學校人文社會系
研究科韓國朝鮮文化研究室, 1994~2007.

군위군, 고운기 국역 김인기 해설,『삼국유사시가집』, ㈜고문당인쇄, 2009.

金烈圭·申東旭 共編,『三國遺事와 문예적 가치해명』, 새문사, 1982.

이지관,『校勘譯註 歷代高僧碑文 高麗篇4』, 사단법인 가산불교문화연구원, 1997.

대한불교조계종 제10교구 인각사,『麟角寺普覺國師碑帖 影印·譯註』, 미래애
드컴, 2008.

일연 지음, 이창섭 최철환 옮김,『일연 스님의 중편조동오위』, 대한불교진
흥원, 2002.

경허선사 편 이철교 역,『선문촬요』, 민족사, 2005(2쇄).

김경수 진성규 역,『국역 동안거사집 부제왕운기』, 삼척시, 1995.

진성규 역,『원감국사집』, 아세아문화사, 1988.

허흥식,『진정국사와 호산록』, 민족사, 1995.

김용선, 『고려묘지명집성』, 한림대출판부, 2006.

노명호 외 교감, 『교감 고려사절요』, 집문당, 2016.

박종기, 『고려사지리지 역주』, 한국학중앙연구원출판부, 2016.

저서

강석근, 『한국불교시연구』, 이회, 2002.

강재광, 『몽골침입에 대한 최씨정권의 외교적 대응』, 경인문화사, 2011.

김광식, 『고려 무인정권과 불교계』, 민족사, 1995.

김광철, 『원간섭기 고려의 측근정치와 개혁정치』, 경인문화사, 2018.

김두진, 『삼국유사의 사학사적 연구』, 일조각, 2014.

김윤곤, 『고려대장경의 새로운 이해』, 불교시대사, 2002.

김용선, 『고려·사회·사람들』, 일조각, 2018.

김호귀, 『묵조선연구』, 민족사, 2001.

김호귀, 『조동선요』, 도서출판 석란, 2007.

김호동, 『몽골제국과 고려』, 서울대학교출판부, 2007.

김호동, 『한국 고중세 불교와 유교의 역할』, 경인문화사, 2007.

김호동, 『고려사회의 이모저모』, 경인문화사, 2017.

김형수, 『고려후기 정책과 정치』, 지성인, 2013.

구산우, 『고려전기 향촌지배체제연구』, 혜안, 2003.

고영섭, 『高麗時代篇 한국불학사』, 연기사, 2005.

고영섭, 『삼국유사 인문학 유행』, 박문사, 2015.

고운기, 『일연』, 한길사, 1997.

고운기, 『일연과 삼국유사의 시대』, 월인, 2001.

남권희, 『고려시대 기록문화 연구』, 청주고인쇄박물관, 2002.

노명호, 『고려사와 고려사절요』, 지식산업사, 2019.

閔泳珪, 『四川講壇 西餘文存其二』, 도서출판 又半, 1994.

박윤진, 『고려시대 왕사·국사 연구』, 경인문화사, 2006.

박종기, 『지배와 자율의 공간, 고려의 지방사회』, 푸른역사, 2002.

박종기, 『고려사의 재발견』, 휴머니스트, 2015.

박종기, 『고려 열전 영웅부터 경계인까지 인물로 읽는 고려사』, 휴머니스트, 2019.

박종진, 『고려시기 지방제도 연구』, 서울대학교출판문화원, 2017.

신종원, 『삼국유사 새로 읽기(1)』, 일지사, 2004.

신종원, 『삼국유사 새로 읽기(2)』, 일지사, 2011.

신종원, 『삼국유사 깊이 읽기』, 주류성, 2019.

이강한, 『고려와 원제국의 교역의 역사』, 창비, 2013.

이개석, 『고려-대원 관계 연구』, 지식산업사, 2013.

이명미, 『13~14세기 고려·몽골 관계 연구 정동행성승상 부마 고려국왕, 그 복합적 위상에 대한 탐구』, 혜안, 2016.

이병희, 『고려후기 사원경제 연구』, 경인문화사, 2008.

이수건, 『한국중세사회사연구』, 일조각, 1984.

이재호, 『삼국유사를 걷는 즐거움』, 한겨레출판, 2009.

이종문, 『인각사 삼국유사의 탄생』, 글항아리, 2010.

이하석, 『삼국유사의 현장기행』, 문예산책, 1995.

이홍직, 『讀史餘滴』, 일조각, 1960.

윤경진, 『고려사 지리지의 분석과 보정』, 여유당, 2012.

윤용혁, 『무인정권·몽골, 그리고 바다로의 역사 삼별초』, 혜안, 2014.

윤창화, 『당송시대 선종사원의 생활과 철학』, 민족사, 2017.

장동익, 『고려후기외교사연구』, 일조각, 1994.

장동익, 『고려사 연구의 기초』, 경인문화사, 2016.

정민, 『불국토를 꿈꾼 그들』, 문학의문학, 2012.

정병삼, 『일연과 삼국유사』, 새누리, 2004.

정성본, 『중국선종의 성립사 연구』, 민족사, 1991.

정순태, 『여몽연합군의 일본정벌』, 김영사, 2007.

정우락, 『삼국유사 원시와 문명 사이』, 역락, 2012.

진홍섭, 『한국미술사 외사 묵재한화』, 대원사, 1999.

조명제, 『선문염송집 연구』, 경진출판, 2015.

蔡尙植, 『高麗後期佛敎史硏究』, 一潮閣, 1991.

채상식, 『일연 그의 생애와 사상』, 혜안, 2017.

채웅석, 『고려시대의 국가와 지방사회-본관제의 시행과 지방지배질서』, 서울대출판부, 2000.

許興植, 『高麗佛敎史硏究』, 一潮閣, 1986.

허흥식, 『고려의 문화전통과 사회사상』, 집문당, 2004.

허흥식, 『한국의 중세문명과 사회사상』, 한국학술정보, 2013.

허흥식, 『한국금석학개론』, 려경출판사, 2020.

하정룡, 『삼국유사 사료비판』, 민족사, 2005.

한기문, 『高麗寺院의 構造와 機能』, 民族社, 1998.

한기문, 『고려시대 상주계수관 연구』, 경인문화사, 2017.

한종만, 『한국조동선사』, 불교영상, 1998.

황패강, 『신라불교설화연구』, 일지사, 1975.

홍윤식, 『三國遺事와 韓國古代文化』, 원광대학교출판국, 1985.

李能和, 『朝鮮佛敎通史』 上中·下, 1917(寶蓮閣, 1979 영인).

忽滑谷快天 著 鄭湖鏡 譯, 『朝鮮禪敎史』, 寶蓮閣, 1978.

이시이 코세이 지음 최연식 옮김, 『동아시아 불교사』, 씨아이알, 2019.


공저·연표·보고서·도록·기타

동북아역사재단 편, 『몽골의 고려·일본 침공과 한일관계』, 경인문화사, 2009.

동북아역사재단·경북대학교 한중교류연구원 엮음, 『13~14세기 고려-몽골 관계 탐구』, 2011.

민족문화연구소 편, 『三國遺事硏究 上』, 영남대출판부, 1983.

한국정신문화연구원, 『제4회 국제학술회의논문집 三國遺事의 綜合的 檢討』,

천풍인쇄주식회사, 1987.

박진태 외,『삼국유사의 종합적 연구』, 박이정, 2002.

삼성현역사문화관,『고려시대 불교와 일연』, 도서출판 한영, 2019.

일연학연구원,『일연과 삼국유사』, 신서원, 2007.

최광식 외,『삼국유사의 세계』, 세창출판사, 2018.

한국학중앙연구원,『삼국유사 기이편의 연구』, 경인문화사, 2005.

불교전기 문화연구소 엮음,『수미산문과 조동종』, 불교영상, 1996.

남무희 편집,『삼국유사 연표』, 자유문고, 2014.

역민사,『세계사연표』, 1984.

박성봉 편저,『한국사연대대조편람』, 서문문화사, 1999.

한국정신문화연구원,『한국사연표』, 동방미디어, 2004.

장동익,『고려시대 대외관계사 종합연표』, 동북아역사재단, 2009.

한국불교연구원·군위군,『인각사 보각국사비 재현 연구보고서』, 2004.

김상영, 황인규, 승원 편저,『보각국사 일연 문헌자료집』, 군위군, 2012.

울산박물관,『울산 율리 영축사지 유적 문화재 발굴조사 약식보고서』, 2013.

울산박물관,『울산 율리 영축사지 조사성과와 의의』, 2018. 6. 29.

군위군·경북대박물관,『華山 麟角寺』, 1993.

대구대학교박물관,『달성군 문화유적 지표조사보고서』, 1997.

경상북도·중앙승가대 불교사학연구소,『華山 麟角寺-寺域確認 試掘調査報告書-』, 1999.

불교문화재연구소,『달성 용리사지 1차 시·발굴조사 현장설명회 자료집』, 2018. 10.

양기백,「三國遺事所在 書名索引」,『國會圖書館報』 4-1, 1967.

한국정신문화연구원,『三國遺事索引』, 新亞日報社出版局, 1980.

도올 김용옥,『三國遺事引得』, 통나무, 1992.

中央僧伽大學校 佛教史學研究所 編,『麟角寺普覺國師碑帖』, 1992.

중앙승가대학 불교사학연구소 편,『增補三國遺事研究論著目錄』, 민창문화사,

1995.

中央僧伽大學 佛敎史學硏究所, 『硏究論文選集 一然과 三國遺事』 1~17, 아름
출판사, 1998.

銀海寺一然學硏究院・中央僧伽大學校 佛敎史學硏究所 編, 『麟角寺普覺國師碑
帖(續集)』, 2000.

동국대학교 불교문화연구소 편, 『한국불교찬술문헌총록』, 동국대학교 출판
부, 1976.

불교중앙박물관, 『인각사와 삼국유사 역사의 향기를 따라 천년의 숨결을
만나다』, 불교중앙박물관 2013년 기획특별전 도록, 2013.

국립경주문화재연구소, 『유물로 본 신라 황룡사』, 2013.

삼성현역사문화관, 『삼성현 민족문화를 꽃 피우다 원효・설총・일연, 삼성
현역사문화관 개관전시 도록』, 2014.

삼성현역사문화관, 『원효대사 탄생 1400주년 기념 특별전시회 고향에서 만
나는 원효대사』, 2017.

국립경주박물관, 『특별전 황룡사』, 2018.

논문・기타

고익진, 「삼국유사 찬술고」, 『한국사연구』 39, 1982.

고영섭, 「청한 설잠의 불교 인식 : 조동선과 경초선의 스밈과 퍼짐」, 『문학
사학 철학』 13, 2008.

고영섭, 「삼국유사의 철학적 접근」, 『한국의 민속과 문화』 4, 2001.

高榮燮, 「『삼국유사』 「흥법」과 「탑상」의 성격과 특징」, 『『삼국유사』 「흥법」
편 연구 "삼국의 초전불교와 그 특징" 신라문화제학술논문집』 35, 경주시・
신라문화선양회 동국대학교 신라문화연구소, 2014.

곽승훈, 「신라하대 전기의 신정권과 법화사상」, 『한국사상사학』 32, 2009.

곽승훈, 「연회의 보현관행과 피은」, 『명예보다 求道를 택한 신라인 新羅文化
祭學術論文集』 31, 경주시・신라문화선양회 동국대학교 신라문화연구소,

2010.

김기종, 「삼국유사 소재 불교설화의 '불·보살 현신' 양상과 그 의미」, 『불교학보』 75, 2016.

金光植, 「雲門寺와 金沙彌亂-高麗中期 寺院勢力의 一例-」, 『韓國學報』, 1989.

金光植, 「崔瑀의 寺院政策과 談禪法會」, 『國史館論叢』 42, 1993.

김광철, 「고려 무인집권기 鄭晏의 정치활동과 불교」, 『石堂論叢』 65, 2016.

金杜珍, 「新羅下代의 五臺山信仰과 華嚴結社」, 『伽山李智冠스님華甲紀念論叢 韓國佛敎文化思想史』, 1992.

김두진, 「신라 의상계 화엄종의 효선쌍미신앙」, 『한국학논총』 15, 1992.

김두진, 「一然의 생애와 저술」, 『全南史學』 19, 2002.

김복순, 「신라 중고기 불교와 법화경」, 『명예보다 求道를 택한 신라인 新羅文化祭學術論文集』 31, 경주시·신라문화선양회 동국대학교 신라문화연구소, 2010,

金福順, 「新羅 五臺山 事蹟의 形成」, 『江原佛敎史研究』, 小花, 1996.

김복순, 「신라 왕경 사찰의 분포와 체계」, 『신라 왕경의 구조와 체계 신라문화제학술논문집』 27, 2006.

金相永, 「高麗 睿宗代 禪宗의 復興과 佛敎界의 變化」, 『淸溪史學』 5, 1988.

김상영, 「一然과 再雕大藏經 補版」, 『論文集』 2, 중앙승가대학, 1993.

김상영, 「一然의 著述과 佛敎思想」, 『佛敎史研究』 2, 1998.

김상현, 「『삼국유사』에 나타난 일연의 불교사관」, 『한국사연구』 20, 1978.

金相鉉, 「一然의 불교사상」, 『綠園스님古稀紀念學術論叢 韓國佛敎의 座標』, 불교시대사, 1997.

金相鉉, 「麟角寺 普覺國師碑 陰記 再考」, 『韓國學報』 62, 봄, 1991.

김상현, 「삼국유사 효선편의 불교적 의미」, 『부모은중경을 중심으로 부처님이 들려주는 효 이야기』, 동국역경원, 2001.

金相鉉, 「『三國遺事』贊 研究」, 『東國史學』 14, 2005.

김상현, 「일연의 일통삼한 인식」, 『신라문화』 38, 2011.

김수태, 「『삼국유사』 '향득사지'조로 본 신라인의 효행」, 『신라문화제학술발표회논문집』 30, 2009.

김수태, 「일연의 삼한 삼국통일론」, 『서강인문논총』 43, 2015.

金鎭烈, 『楞嚴經研究』, 동국대학교 박사학위논문, 1991.

김주성, 「삼국유사 기이편 신고찰」, 『한국학논총』 34, 2010.

김영두, 「려말선초의 조동선」, 『한국불교학』 16, 1991.

金英美, 「新羅 中代의 阿彌陀信仰」, 『新羅 佛敎思想史 研究』, 民族社, 1994.

金煐泰, 「新羅의 觀音思想」, 『佛敎學報』 13, 1976.

金映遂, 「曹溪禪宗에 就하야」, 『震檀學報』 9, 1938.

金泰植, 「三國遺事에 나타난 一然의 高麗時代 認識」, 『蔚山史學』 創刊號, 1987.

김태영, 「삼국유사에 보이는 일연의 역사인식에 대하여」, 『경희사학』 5, 1974.

金晧東, 「高麗時代 慶北地域의 義擧와 義兵」, 『慶北 義兵史』, 慶尙北道・嶺南大, 1990.

김형수, 「원 간섭기 고려 왕실과 유착한 승려 일연」, 『영남을 알면 한국사가 보인다』, 푸른역사, 2005.

김희만, 「『삼국유사』의 '사(師)'와 일연의 승려 인식」, 『정신문화연구』 42권 2호(통권 155호), 2019.

나희라, 「'善律還生' 이야기에 나타난 죄와 구원」, 『진단학보』 131, 2018.

남권희, 「파른본 삼국유사의 서지 연구」, 『동방학지』 162, 2013.

남동신, 「삼국유사의 사서로서의 성격」, 『불교학연구』 16, 2007.

남동신, 「천궁으로서의 석굴암」, 『미술사와 시각문화』 13, 2014.

남동신, 「『삼국유사』 속의 『삼국유사』 : 전후소장사리 조」, 『신라문화제학술논문집』 37, 경주시 신라문화선양회 동국대학교 신라문화연구소, 2016.

남동신, 「삼국유사(三國遺事)의 성립사 연구-기이(紀異)를 중심으로-」, 『한국사상사학』 61, 2019.

남미선, 「황룡사구층목탑의 건립과 그 배경」, 『민족문화논총』 69, 2018.

라정숙, 「『삼국유사』를 통해 본 신라와 고려의 관음신앙」, 『역사와 현실』

71, 한국역사연구회, 2009.

민병하, 「삼국유사에 나타난 효선사상」, 『인문과학』 34합집, 성균관대인문과학연구소, 1975.

민영규, 「三國遺事」, 『韓國의 古典百選』, 新東亞, 1969.

민영규, 「一然의 禪佛敎」, 『震檀學報』 36, 1973.

민영규, 「一然의 重編曹洞五位二卷과 그 日本重刊本」, 『人文科學』 31·32, 연세대, 1974.

민영규, 「金時習의 曹洞五位說」, 『大東文化硏究』 13, 成均館大 大東文化硏究院, 1979.

閔泳珪, 「一然과 陳尊宿」, 『學林』 5, 1983.

閔泳珪, 「一然 重編曹洞五位 重印序」, 『學林』 7, 1984.

민영규, 「一然의 悲願」, 『回歸』 2 제7회 국제학술회의, 범양사, 1986.

문경현, 「『三國遺事』 撰述의 史的 考察-달성 비슬산 찬술처를 중심으로」, 『新羅史學報』 27, 2013.

문명대, 「三國遺事 塔像篇과 一然의 佛敎美術史觀」, 『강좌미술사』 1, 1988.

閔賢九, 「月南寺址 眞覺國師碑의 陰記에 대한 一考察」, 『震檀學報』 36, 1973.

민현구, 「李藏用 小考」, 『韓國學論叢』 3, 국민대 한국학연구소, 1980.

명계환, 「『三國遺事』의 經典과 經文」, 『한국불교사연구』 13, 2018.

명계환, 「普覺國師 一然의 思想 一考」, 『淨土學硏究』 32, 2019.

박경열, 「남백월 이성에게 준 성랑의 시와 그 성패의 이유」, 『겨레어문학』 27, 2001.

박광연, 『신라 법화사상사 연구』, 이화여자대학교 박사학위논문, 2010.

박광연, 「사서로서의 『삼국유사』와 『고기』연구의 흐름」, 『진단학보』 130, 2018.

박미선, 「일연(一然)의 신라사 시기구분 인식-『삼국유사』 기이(紀異)편을 중심으로-」, 『역사와현실』 70, 2008.

박상영, 「삼국유사 소재 찬시를 통해 본 일연의 세계인식」, 『고전문학연구』

30, 2006.

박윤진, 「삼국유사 탑상편 천룡사 유덕사 조 검토」, 『신라문화제학술논문집』 35, 2015.

박영돈, 「신자료를 통해서 본 麟角寺普覺國尊碑陰記」, 『비블리오필리』 3, 1992.

박재금, 「고려후기 계송을 통해 본 선과 일상」, 『이화사학연구』 33, 2006.

朴永弴, 「麟角寺 普覺國師碑 復元加墨本・後跋」, 『佛敎美術』 16, 동국대박물관, 2000.

방용철, 「『삼국유사』 소재 도교관련 기록과 일연의 인식」, 『역사와 경계』 85, 2012.

서경희, 「『三國遺事』에 나타난 華嚴禪의 文學的 形象化 : 一然의 世界觀을 바탕으로」, 성균관대학교 박사학위논문, 2004.

신선혜, 「삼국유사 편목 구성의 의미-피은편을 중심으로-」 『보조사상』 37, 2012.

辛鍾遠, 「新羅 五臺山事蹟과 聖德王의 卽位背景」, 『崔永禧先生華甲紀念 韓國史學論叢』, 1987.

신형석, 「삼국유사를 통해 본 울산지역의 사찰」, 『울산태화강과 만난 불교』, 울산대곡박물관 특별전도록, 2013.

이강래, 「삼국유사의 사서적 성격」 『한국고대사연구』 40, 2005.

이기백, 「삼국유사의 사학사적 의의」 『창작과 비평』 41, 1976.

이기백, 「신라불교에서의 효관념-삼국유사 효선편을 중심으로」, 『동아문화』 2, 서강대학교, 1983.

이기백, 「삼국유사 기이편의 고찰」 『신라문화』 1, 1984.

이기백, 「삼국유사 왕력편의 검토」 『역사학보』 107, 1985.

李基白, 「三國遺事 塔像篇의 意義」, 『斗溪李丙燾博士九旬紀念韓國史學論叢』, 지식산업사, 1987.

이기백, 「삼국유사의 편목 구성」 『불교와 제과학』, 동국대출판부, 1987.

李基白, 「古代政治思想」, 『韓國思想史大系』 3, 성균관대 대동문화연구소, 1979.

이기백, 「삼국유사 흥법편의 취지」, 『진단학보』 89, 2000.

李基東, 「新羅 金入宅考」, 『新羅 骨品制社會와 花郎徒』, 韓國研究院, 1980.

李秉烋·韓基汶, 「麟角寺의 寺格과 變遷」, 『華山 麟角寺』, 군위군·경북대박물관, 1993.

이익주, 「고려 충렬왕대의 정치상황과 정치세력의 성격」, 『한국사론』 18, 1988.

이익주, 「고려·몽골 관계사 연구시각의 검토 : 고려·몽골 관계사에 대한 공시적, 통시적 접근」, 『한국중세사연구』 27, 2009.

이영호, 「『三國遺事』 '包山二聖'條와 一然」, 『신라문화제학술논문집』 31, 2010.

李佑成, 「三國遺事 所在 處容說話의 一分析」, 『金載元博士回甲紀念論叢』, 1969.

李鍾恒, 「傳 仁興寺址 三層石塔 移基에 關한 報告」, 『高秉幹博士 頌壽紀念論叢』, 1960.

인권한, 「一然의 讚詩」, 『高麗時代 佛敎詩의 研究』, 고려대출판부, 1983.

오대혁, 「일연의 선사상과 삼국유사의 상관성」, 『한국어문학연구』 60, 2013.

尹善泰, 「新羅의 成典寺院과 今荷臣」, 『韓國史研究』 108, 2000.

윤선태, 「삼국유사의 후인협주에 대한 재검토」, 『한국고대사연구』 78, 2015.

張忠植, 「『三國遺事』 三所觀音考」, 『天台宗田雲德總務院長回甲紀念 佛敎學論叢』, 1999.

張忠植, 「『三國遺事』 塔像篇 體制의 檢討」, 『東岳美術史學』 2, 동악미술사학회, 2001.

장덕순, 「삼국유사설화분류」, 『인문과학』 2, 연세대인문과학연구소, 1958.

장덕순, 「일연 삼국유사에 얽힌 사연」, 『한국의 인간상』 3, 신구문화사, 1965.

全海住, 「一然의 華嚴思想-그의 生涯와 三國遺事를 중심으로-」, 『亞細亞에 있어서 華嚴의 位相』, 大韓傳統佛敎研究院, 1991.

전호태, 「울산지역 신라 불교유적의 현황과 과제」, 『제4회 울산대학교 박물관 학술심포지움 신라의 불교와 울산』, 울산대학교 박물관, 2000.

鄭炳三,「統一新羅 觀音信仰」,『韓國史論』8, 1982.

정병삼,「一然 碑文의 단월」,『韓國學硏究』5, 숙명여대, 1995.

정병삼,「일연선사비의 복원과 고려 승려 비문의 문도 구성」,『韓國史硏究』133, 2006.

정병삼,「고려 후기 鄭晏의 불서 간행과 불교신앙」,『불교학연구』24, 2009.

정병삼,「신라불교사상사와 삼국유사 의해편」,『일연과 삼국유사』, 신서원, 2007.

정병삼,「『삼국유사』의 신주편과 감통편의 이해」,『신라문화제학술논문집』32, 2011.

鄭修芽,「金俊勢力의 形成과 그 向背」,『東亞硏究』6, 서강대 동아연구소, 1985.

鄭修芽,「慧照國師 曇眞과 '淨因髓'-北宋 禪風의 수용과 高麗中期 禪宗의 부흥을 중심으로-」,『이기백선생 고희기념 한국사학논총』상, 일조각, 1994.

정영호,「襄陽陣田寺址 遺蹟調査」,『歷史敎育』12・13, 1969.

池浚模,「三國遺事에 記錄된 寺庵을 中心으로 한 說話」,『慶山文學』4, 1988.

진성규,「원감국사 충지의 생애」,『부산사학』5, 1981.

秦星圭,「圓鑑錄을 통해서 본 圓鑑國師 冲止의 國家觀」,『歷史學報』94・95합집, 1982.

秦星圭,「眞覺國師 慧諶의 修禪社 活動」,『中央史論』5, 1985.

秦弘燮,「『三國遺事』에 나타난 塔像-皇龍寺塔像을 중심으로-」,『三國遺事의 綜合的 檢討』, 한국정신문화연구원, 1987.

조명제,「一然의 선사상과 송의 禪籍」,『普照思想』33, 2010.

조동일,「삼국유사 설화 연구사의 문제점」,『한국사연구』38, 1982.

주보돈,「『三國遺事』'念佛師'條의 吟味」,『명예보다 求道를 택한 신라인 新羅文化祭學術論文集』31, 경주시 신라문화선양회 동국대학교 신라문화연구소, 2010.

주보돈,「『삼국유사』를 통해본 일연의 역사 인식」,『영남학』63, 2017.

주영민, 「鄭晏家의 남해 불사경영」, 『古文化』 85, 2015.

최광식, 「삼국유사의 문화사적 가치」, 『신라문화』 49, 2017.

최남선, 「삼국유사해제」 『계명』 18, 계명구락부, 1927.

최병헌, 「삼국유사에 나타난 한국고대불교사인식」 『삼국유사의 종합적 검토』, 1987.

최병헌, 「『三國遺事』 「義解」편과 신라불교사」, 『신라문화제학술발표논문집』 33, 2012.

최연식, 「『大東金石書』 所載 '包川 某寺碑'와 海龍王寺 圓悟大師」, 『목간과 문자』 5, 한국목간학회, 2010.

최연식, 「高麗時代 高僧의 僧碑와 門徒」, 『한국중세사연구』 35, 2013.

최연식, 「표훈의 일승세계론과 불국사 석굴암」, 『불교학보』 70, 2016.

최연식, 「『삼국유사』 소재 오대산 관련 항목들의 서술 양상 비교」, 『서강인문논총』 44, 2015.

최연식, 「고려초 도봉산 영국사 혜거의 사상경향-신발견 탑비명의 내용 검토를 중심으로」, 『한국중세사연구』 54, 2018.

최윤정, 「駙馬國王과 國王丞相-13~14세기 麗元관계와 고려왕조 國體 보존 문제 이해를 위한 새로운 모색-」, 『大丘史學』 111, 2013.

최윤정, 「13세기 麗元 관계와 洪茶丘」, 『中國史研究』 105, 2016.

최윤정, 「13~14세기 몽골과 고려의 부마들-통혼의 정치적 의미와 고려왕 권의 성격 재론」, 『중앙아시아연구』, 제24호 제2권, 2019.

최용수, 「일연 찬시 연구」 『영남어문학』 12, 1985.

최응천, 「軍威 麟角寺 出土 佛敎 金屬工藝品의 性格과 意義」, 『先史와 古代』 32, 2010.

蔡尙植, 「普覺國尊 一然에 대한 硏究」, 『韓國史硏究』 26, 1979.

蔡尙植, 「麟角寺 普覺國尊一然碑 陰記에 대하여」, 『語文硏究』 8, 一潮閣, 1980.

蔡尙植, 「一然의 思想的 傾向」, 『韓國文化硏究』 1, 1988.

채상식, 「至元15年 仁興寺刊 『歷代年表』와 『三國遺事』의 撰述基盤」, 『高麗史

의 諸問題』, 三英社, 1986.

채상식, 「역주 보각국존 일연비 음기」, 『신라사학보』 14, 2008.

채상식, 「一然의 『重編曹洞五位』에 보이는 사상과 역사성」, 『지역과 역사』 30, 2012.

채상식, 「일연비에 보이는 청분과 산립의 정체」, 『한민족문화』 59, 2016.

한기문, 「신라하대 흥륜사와 금당십성의 성격」, 『신라문화』 20, 2002.

韓基汶, 「醴泉 "重修龍門寺記" 碑文으로 본 高麗中期 禪宗界의 動向-陰記의 紹介를 중심으로-」, 『文化史學』 24, 2005.

한기문, 「고려후기 일연 주관 인각사 구산문도회의 성격」, 『일연과 삼국유사』, 신서원, 2007.

한기문, 「『삼국유사』 탑상편 「민장사」·「영취사」조의 성격」, 『신라문화제학술논문집』 36, 경주시·신라문화선양회 동국대학교 신라문화연구소, 2015.

한기문, 「고려시대 일연과 비슬산」, 『역사교육논집』 63, 2017.

한종만, 「一然의 重編曹洞五位 연구」, 『한국불교학』 23, 1997.

許興植, 「湖山錄의 새로운 寫本과 補完」, 『大丘史學』 36, 1986.

허흥식, 「삼국유사를 저술한 시기와 사관」, 『삼국유사의 찬술과 판각』, 인각사 일연학연구구원, 2002.

洪承基, 「觀音信仰과 新羅社會」, 『湖南文化研究』 8, 1976.

洪潤植, 「『三國遺事』와 塔像」, 『佛教學報』 17, 1980.

森平雅彦, 「松廣寺 법지의 발급 경위를 둘러싼 제문제」, 『普照思想』 17, 2002.

柳田聖山, 「語錄의 歷史-禪文獻의 成立史的研究」, 『東方學報』 57, 1985.